JN086040

「行為の経営学」の新展開

新展開

因果メカニズムの
解明がひらく
研究の可能性

加藤　俊彦
佐々木将人 [編著]

東京　白桃書房　神田

はしがき

　本書では，一橋大学名誉教授である沼上幹先生が提唱した〈行為システム〉ならびに〈行為連鎖システム〉という概念を中核として，各章の担当者が，それぞれの研究領域において，議論を展開している．

　〈行為システム〉を中軸とする研究方法論は，2000 年に白桃書房から刊行された『行為の経営学』をはじめとする諸研究において，探究されてきた．その根底にあるのは，大量のサンプルを定量的に分析する，いわゆる仮説検証型の研究方法のみが適切な経験的研究（empirical studies）だという見解に対する疑問である．事例研究のような分析対象が限定された研究は，探索的な研究としては許容されても，実証研究として相応しい研究方法ではないという見方は，未だに根強い．しかし，その種の考え方は，本当に妥当なのだろうか．

　このような問題意識に基づいて，沼上先生は，大量サンプルに基づく実証研究の方法論的基盤である法則定立的アプローチの根本的な問題をまずは明らかにした．その上で，事例研究などの少数の研究対象を詳細に分析する経験的研究を積極的に肯定する，新たな研究方法論が提起された．それが〈行為システム〉に基づくマネジメント研究の方法論である．

　本書では，この〈行為システム〉を中軸とする研究方法論に関する議論や，そのような方法論に基づく定性的研究を取り上げている．さらに，〈行為システム〉の考え方に基づいて積極的な意味づけを与えた上で，推測統計の手法を用いた定量分析も展開される．

　本書の各章における議論は，経営学研究の新たな可能性を示すものである．現代の経営学研究において主流を構成する研究方法論について，批判的に検討しつつも，全面的に対峙するのではなく，既存の議論における優れた要素を取り入れながら，より豊かな知見を獲得しようとするのが，われわれ

著者らの立場だからである.

　他方で，各章での議論は，それぞれ必ずしも完成したものではない．本書での議論をベースとして，より精緻に展開し，より洗練された見解や示唆を引き出していくことが，それぞれの著者が今後取り組むべき課題であると，われわれは考えている.

2023 年 3 月

著者を代表して

加藤俊彦・佐々木将人

目次

IV

第4章　倫理的消費とコミュニケーション
―ヴィーガン，ノン・ヴィーガン，準ヴィーガンの相互作用の ダイナミズム― 71

第5章　組織の〈重さ〉―全7回の調査からの知見― 91

第6章　リーダーシップの組織的消失
—BU 長のリーダーシップ行動の階層間比較— 113

第7章　〈行為システム〉の構成要素と基本連鎖型 139

第 **8** 章　**複層的事例研究の方法と実例**　159

第 1 部　複層的事例研究の方法

第 **1** 章

実践的方法論としての〈行為システム〉

加藤俊彦

1. はじめに

　本章の目的は，沼上幹が提起した〈行為システム〉に基づく経営学方法論を振り返った上で，その意義を再考することにある[1].

　〈行為システム〉という視座に基づく経営学の研究方法論は，支配的な立場にある〈変数システム〉に基づく研究方法論に対抗するために，『行為の経営学』（沼上，2000）を中心とする沼上の著作において，存在論・認識論のレベルまで遡って子細に検討された上で，体系的に示されている．

　存在論や認識論の領域まで含んだ研究方法論に関する議論は，既に解決された問題として捉えられたり，もしくはその種の問題の存在自体が認識されなかったりするために，一般的な研究活動において顧みられる機会は限られている．このような状況において，存在論や認識論の領域を含んだ研究方法に関わる議論は，経営学研究を展開していく上では本質的な内容を含むものではないと，しばしば考えられている．

　しかしながら，〈行為システム〉としての社会観は，現在支配的な地位にある〈変数システム〉に基づく研究方法論に潜む重大な問題を明らかにするとともに，研究者による経営現象の考察のみならず，実務家による企業経営への示唆という点でも，強い実践性を志向している．〈行為システム〉に基づく方法論は，問題を不必要に複雑化するような衒学的なものでは決してなく，むしろ現実の世界をより強く反映した視座を提供しているのである．

　そのような〈行為システム〉に基づく方法論の中心にあるのは，個人の主

2

体性（agency）を重視する人間観である．社会システムを構成する個々人は，一定の思考能力を有しており，目的を持って行動して，生じた結果から学習する．そのために，予想と異なる状況が起こると，振り返ってその原因を探り，次の行動に活かそうとする．〈行為システム〉としての社会観には，このような人間の自然な営みが組み込まれており，それゆえに，〈行為システム〉に基づく方法論に立脚することによって，言葉遊びではない，よりリアルな世界が解明されるのである．

　以下では，まず〈行為システム〉に基づく研究方法の概略を，〈変数システム〉と対比しながら概観した後で，〈変数システム〉に基づく研究方法論に内包される問題点を，沼上の議論に基づいて存在論・認識論まで遡って見ていく．その上で，〈行為システム〉の方法論に基づいて具体的に展開された研究を，沼上の著作を中心として検討する．

　なお，本章の記述は，これまでに沼上が展開してきた議論に基づいているが，その解釈や内容については，筆者が責を負うものである．

2.　〈行為システム〉に基づく研究方法論の概要

⑴　〈変数システム〉との対比としての〈行為システム〉

　先に触れたように，〈行為システム〉に基づく研究方法論は，現在支配的である研究方法論に内包される問題を基盤として提起されている．そこで，沼上は，主著の1つである『行為の経営学』において，〈行為システム〉に基づく研究方法を，支配的な地位にある〈変数システム〉に基づく研究方法と対比して提示している（図1-1）．

　現在支配的な地位にある〈変数システム〉に基づく研究方法とは，変数間における因果関係の解明を中心に据えるものである．経験的な分析を行う場合には，いかなる方法をとろうとも，現実の世界はそのまま扱えないために，何らかの形で捨象して，簡略化したモデルを構築する必要がある．そのようなモデルを構築する際に，変数間の因果関係として現実の世界を捉えようとするのが，〈変数システム〉に基づく研究方法である．

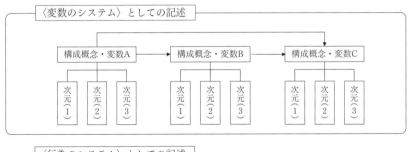

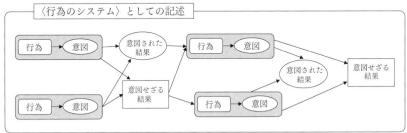

図 1-1　〈変数システム〉と〈行為システム〉のイメージ

出所：沼上（2000），p.28.

　〈変数システム〉に基づく研究方法をより明確にイメージするには，回帰分析に基づく一般的な実証研究を想定するとよいだろう．回帰分析では，原因となる要因や統制すべき要因を独立変数として想定して，それらの変数が影響を及ぼすと考えられる従属変数に対する影響を統計的に推定することによって，変数間における因果関係の可能性を探る．

　このような〈変数システム〉に基づく考え方は，例えば共分散構造分析のような応用的な定量分析の手法でも，変数間の因果関係の探究を中心としている点で，変わらない．また，定量的な手法のみならず，記述を中心とする事例分析のような定性的な手法であっても，〈変数システム〉の考え方に基づく分析は広く採用されている．〈変数システム〉を前提とする研究方法は，当事者がどれだけ意識しているかは別にして，分析手法の違いを超えて深く根付いているがゆえに，国内外の研究者コミュニティで支配的な地位を占めているのである．

　〈変数システム〉に基づく研究方法が抱える問題として，ここでまず指摘

しておきたいのは，〈変数システム〉として社会を捉えると，人間の主体性に関わる要素が欠落する点である（沼上，2000, p.11）．この「人間の主体性」とは，何も特別な考え方ではない．一定の思考能力を持った個々人が考えを巡らした上で，自分の目的を実現しようとして行動する．しかし，社会では，個々人の行為が相互に影響することによって，ときには人々が事前に予想しなかった状況が生じる．さらに，人々はその新たに出現した状況を見て，どのように行動すべきかと考える．われわれの日常生活からすると当たり前ともいえる，このような複数の人間が織り成す社会的なプロセスが，〈変数システム〉に基づく研究方法では，排除されてしまうのである．

　〈変数システム〉が抱える基本的な問題を解決するべく，人間の主体性の要素を明示的に組み入れたのが，沼上が提起した〈行為システム〉に基づく研究方法である．沼上（2000）によれば，〈行為システム〉としての記述には，①意図をもった行為主体，②相互依存関係，③意図せざる結果，の3点が含まれる．

　まず，意図をもった行為主体については，個人や組織など，何らかの意図をもち，あるいは目標を共有し，ある程度一貫した行為を組み立て，遂行することのできる行為主体が存在し，このような行為主体の行為が社会システムの生成・維持・変化の原動力であることが，前提となる．また，複数の行為主体による行為の間には相互依存関係が存在している．この相互依存関係によって，自らの行為がもたらす結果に他者の行為が影響を与えるとともに，事前には読み切れないほど複雑な形で，行為主体間の相互依存関係が存在する場合も想定される．したがって，個々の行為主体が意図した通りの結果だけではなく，意図せざる結果も生じうる．その生じた結果に基づいて，各々の行為主体による行為が行われる．

　この行為主体による行為とそれらの合成による結果の連鎖に関する考察が，〈行為システム〉に基づく研究における中核的要素となる．そこで，この研究方法で重要となるのは，個々の行為主体が何を考えて行動して，それらが社会においてどのように組み合わされて，何が生じたのかを考察することになる．過去の事象を対象とする研究であれば，当事者の意図やそれに基

づく行動とその結果として社会的に何が生じたのかという点に，主たる関心が置かれる．あるいは，自らが当事者として将来を見通したい場合には，関係する（と想定される）他の行為主体が何を考えて，どのように行動するのかという「読み」と，それらの行動がどのように相互に組み合わされて，その結果として社会で何が生じると考えるのかという洞察が，中心となる．

　改めて強調しておくと，〈行為システム〉に基づく研究での中心的な考え方は，〈変数システム〉とは大きく異なる．〈変数システム〉に基づく研究では，環境である独立変数が変動すると，影響を受ける側である従属変数も変動することが前提とされる．このような〈変数システム〉における行為主体は，ある条件が設定されると，それに対して反応するような受動的な存在と見なされる．それに対して，〈行為システム〉に基づく研究では，行為主体は自らの意志に基づき行動し，その結果を反省して次の行動に活かそうとする，より能動的な存在として捉えられている．この点においても，〈行為システム〉に基づく研究方法は，人間の主体性を重視していることがわかる．

⑵　研究方法論の変遷と〈行為システム〉としての記述

　〈行為システム〉に基づく研究方法が提起された背景には，研究者コミュニティにおける研究方法の変遷があるとされる（沼上，2000）．その基本的な論点は，経営学研究において，かつては存在していた〈行為システム〉としての記述が徐々に消失し，〈変数システム〉としての記述が支配的となったことと，〈変数システム〉としての記述に対抗する視座に立った解釈論的研究が，〈変数システム〉に基づく研究との間で適切な位置づけを獲得できなかったこと，の2点にある．

　沼上によれば，過去の組織論では，〈行為システム〉記述に基づく研究は正統派に属する研究者によって展開されていた．例えば，マートンや，その弟子であるグールドナーやセルズニックは，組織の内部プロセスを対象としていたものの，〈行為システム〉記述に基づいて，意図せざる結果の探究を行っていた．また，エメリーとトリストによる組織環境における行為の連鎖に関する研究に代表されるように（Emery and Trist, 1965），1960年代から

70年代初頭にかけては，多くの組織論研究者による環境記述には，意図を
もった主体や相互依存関係が豊富に含まれていた．この時点では，〈行為シ
ステム〉に基づく研究方法と〈変数システム〉に基づく研究方法は，明確に
区分されておらず，意図をもった行為主体が構成する相互依存的なシステム
であることを前提とする研究が，数多く見られた．

　ところが，1970年代あたりから，〈変数システム〉記述に基づく研究が支
配的な地位を占めていく．このような研究の志向性の変化の背景は必ずしも
明確ではないが，少数の事例を定性的に考察するのではなく，多数の組織を
サンプルとして，定量的に変数を測定して分析していく手法が広まっていっ
たことと関わっていると思われる．

　当時の〈変数システム〉記述に基づく典型的な研究としては，経営組織論
では，いわゆる組織のコンティンジェンシー理論や，類似した視座に基づい
て官僚制を考察したアストン研究（Aston Studies）の一連の研究を挙げるこ
とができる．これらの議論では，組織を取り巻く環境要因を独立変数，組織
内部の構造的要因を従属変数とする構図に基づいて，実証研究が展開された．

　経営戦略論においても，同様の状況が生じてきた．例えば，競争戦略の代
表的な議論であるポーターの業界構造分析の枠組みでも，〈変数システム〉
を前提とする分析視座が色濃く反映されている（Porter, 1980）．ポーターの
「5つの諸力（five forces）」では，古典的な産業組織論のSCPパラダイムを
ベースとして，分析対象とする業界の構造的要因が当該業界の収益性を規定
するという因果関係が想定されている．この構造的要因が，①既存企業間の
対抗度，②新規参入の脅威，③代替品の脅威，④供給業者の交渉力，⑤供給
業者の交渉力という「5つの諸力」である．これらの「5つの諸力」それぞれ
は，具体的な要因にさらにブレークダウンされて，当該業界の収益性が推定
される．ポーターの著書では，個々の具体的な要因は定性的に示されている
ものの，そこで基本的に想定されているのは，コンティンジェンシー理論と
同様の〈変数システム〉に基づく構図である．

　〈行為システム〉の視座に基づく研究方法を沼上が体系的に提示してから
20年以上が経つが，上述のような〈変数システム〉に基づく研究は支配的な

立場を強めてきたように思われる．その理由の 1 つとして，仮説検証型の定量的研究が目指すべき実証研究の手法として広く採用されてきた点が挙げられる．また，定性的な分析であっても，当事者が意識しているかどうかは別にして，〈変数システム〉に基づく方法論に基本的には依拠して進められる場合も少なくない．

　このような〈変数システム〉に基づく研究方法に対して，人間の主体性を強調する研究も展開されてきた．その系譜の多くの研究が立脚するのが，意味や解釈を重視する主観主義的・解釈論的な立場である．経営組織論においても，例えばワイクの一連の著作のように，主観主義的な視座から，組織と環境との相互作用とそこで生じる意図せざる結果を追究することで，広く知られた研究も存在する（Weick, 1979; 1995）．

　しかしながら，主観主義・解釈論に立脚した研究が，〈変数システム〉に基づく研究に建設的な影響を与えたり，あるいはその支配的な地位を脅かしたりすることは，少なくともこれまでのところほぼ生じていない．その基本的な理由は，沼上が「対話不可能状態」と呼ぶように（沼上，2000，pp.19-20），〈変数システム〉に基づく研究と主観主義・解釈論に立脚した研究の間には，ポジティブな影響関係が成立することはなく，それぞれが基本的には独立して展開されてきたことにある．

　この対話不能な状態に関する主観主義・解釈論側の問題は，過去に生じた事象における因果関係は客観的に存在しているのではなく，個人が主観的に認識したり，あるいは主観的な認識が人々の間で共有されたりしているに過ぎないという見方を強調することにあると思われる．そのような見方に立てば，過去の社会的事象における因果関係は「仮構」に過ぎないのだから，〈変数システム〉に基づく実証研究で想定されるように，実在する因果関係が解明されることは原理的にない，ということになる．

　それに対して，支配的な地位にある〈変数システム〉に基づく研究を進める側からすると，そのような主観主義的な主張は，自らの研究の前提を怪しげな論拠に基づいて突き崩そうとするような「非科学的な」議論だと位置づけられることになる．そのような立場からは，せいぜい「話として面白い部

分もあるかもしれないが，無視しても構わないようなもの」というように一種の亜流として見なすか，ともすると「無駄に話をこねくり回した，不毛な議論」といった完全に否定的に捉える見方が，主観主義・解釈論的研究に対する基本的な反応だと思われる．

　かくして主観主義・解釈論的な立場からの主張は，人間の主体性に関する要素を，〈変数システム〉に基づく研究に再び取り入れることにつながるどころか，両者の溝をかえって深めているようにさえ見える．そこで，典型的な主観主義・解釈論が抱える問題を克服して，人間の主体性を建設的に取り入れようとするのが，〈行為システム〉に基づく研究方法である．そこでは，過去の事象における因果関係を「仮構」とか「神話」とか「物語」といった単なる主観の産物と見なすのではなく，実在するものとした上で，個々人の意図や解釈もまた重要な要素として組み入れて，考察しようとしているのである．

(3) 〈変数システム〉に基づく研究方法の根本問題

　意図や解釈といった人間の主体性が〈変数システム〉に基づく研究方法の中核部分から排除されたとしても，そこで考察される内容が妥当であれば，〈変数システム〉が支配的な研究方法であることによって問題が生じる訳ではない．もしそうならば，〈行為システム〉に基づく考え方を代替的な研究方法として提起する意義はなくなるか，少なくとも限定的なものになるだろう．

　しかしながら，沼上によれば，〈変数システム〉に基づく研究方法が前提とする科学観は，存在論的仮定と認識論的仮定の双方で，重大な問題を抱えているとされる（沼上，2000，第3章）．

　存在論的仮定に関して〈変数システム〉に基づく研究方法が抱える基本的な問題は，〈行為システム〉に基づく研究方法と比べて，はるかに単純なシステム観を前提としているという意味で，むしろ退行している点にある．沼上は，システム複雑性の階層性に基づく議論（Pondy and Mitroff, 1979）をベースとして，1970年代後半に組織論で共有されていたシステム観を読み解いた．ポンディとミトロフの枠組みでは，システムはその複雑性に応じて，最も単純な「フレームワーク（frameworks）」から，最も複雑な「複雑性

の特定化できないシステム（systems of unspecified complexity）」まで，9つ
に分類される．このうち，現実の組織は，主体性を有する行為主体が相互作
用するシステムである，第 8 段階の「多頭システム（multi-cephalous sys-
tems)」である．〈行為システム〉に基づく研究方法では，このような複雑な
システムを前提として，組織を分析しようとしてきた．

　それに対して，〈変数システム〉に基づく研究方法では，第 3 段階である
「コントロール・システム（control systems）」であることが前提となる．こ
の「コントロール・システム」とは，外部から与えられた目標や基準に従っ
て行動が制御されるシステムであり，このような視座に基づく研究では，実
在としての組織よりも大幅に単純化されたシステムが想定されることにな
る．したがって，〈変数システム〉に基づく研究は，以前の研究よりも「科
学的」で進化したように見えるが，そこでは「記述様式の単純化・退化」（沼
上，2000，p.74）が実際には生じていたことになる．

　認識論的仮定に関しても，〈変数システム〉に基づく研究方法には，根本
的な問題があるとされる．〈変数システム〉に基づく研究では，社会現象の
背後にある「不変の因果法則」を明らかにしようとする，法則定立的なアプ
ローチ（nomothetic approach）が前提となっている．ここでの問題は，〈変
数システム〉に基づく研究において中心的に解明しようとする「不変の因果
法則」が，社会現象においては，一般的な想定よりもはるかに限定的にしか
生じないと考えられる点にある．

　この問題を考えるにあたり，法則定立的アプローチのうち，2 つの異なる
認識論的立場を区分しておくことが重要だとされる（沼上，2000，pp.78-
83）．その 1 つは，観察される要因（変数）間の相関関係と時間的順序関係
から因果法則を定立しようとする「カヴァー法則モデル（covering law
model)」である．因果関係を実証する際には，①相関関係の存在，②原因
（独立）変数の時間的先行性，③疑似相関の排除あるいは他の原因変数の統
制，という 3 つの条件が満たされる必要があることが，調査方法論のテキ
ストではしばしば指摘されるが，このような考え方はカヴァー法則モデルに
立脚している．つまり，カヴァー法則モデルに基づけば，先行する原因変数

と後に続く結果変数の間に安定的な関係性が見いだせれば，そのような関係性がなぜ生じるのかがわからないとしても，「不変の因果法則」が明らかにされることになる．

　それに対して，原因変数と結果変数との表層的な関係性ではなく，「なぜ原因変数が結果変数を引き起こすのか」という，両者間の関係性の背後にある理由の解明を重視する立場も存在する．この認識論的立場を，沼上は「メカニズム解明モデル」と呼ぶ．これまでの社会現象に関する議論に即せば，カヴァー法則モデルは〈変数システム〉に，メカニズム解明モデルは〈行為システム〉に，それぞれ対応する．

　ただし，カヴァー法則モデルとメカニズム解明モデルは異なる認識論的仮定に基づいているものの，「不変の因果法則」が実在して，現象の本質を規定しているのであれば，その違いは最終的には重要にはならない．例えば，自然科学の領域である喫煙と癌との関係について，疫学的に両者の関係性を探ること（カヴァー法則モデル）と，その背後にある癌の発生メカニズムを明らかにすること（メカニズム解明モデル）は，最終的には同じ「不変の因果法則」を確定するプロセスに，異なるアプローチから取り組むことになる．

　そこで問題になるのが，われわれの分析対象である社会現象において，自然科学と同様の「不変の因果法則」が成立するのか否かという点である．「不変の因果法則」が成立しないのであれば，カヴァー法則モデルに基づいて解明される知見と，メカニズム解明モデルに基づいて解明される知見が，一致しないことになり，カヴァー法則モデルに立脚する〈変数システム〉に基づく研究方法が目指すべきものではなくなるからである．

　社会現象において「不変の因果法則」が成立するか否かという問題について，沼上は，方法論に関する体系的な議論を『行為の経営学』にまとめる前の段階で，個別事例研究を擁護する立場から，ゲーム理論の基本的な枠組みを使って考察している（沼上，1995a；Numagami，1998）．それらの論文では精密な議論が展開されているが，ここでは行為主体が合理的に行動する場合に「不変の因果法則」が成立する条件に限定して，簡単に見ておきたい．

　そこでの議論で中心となるのは，ゲームの構造が異なる3つの状況の比

較である．①支配均衡が存在する「囚人のジレンマ・ゲーム」，②支配均衡が存在しない「チキン・ゲーム」，③同じく支配均衡が存在しない「調整ゲーム」の3つである．このうち，囚人のジレンマ・ゲームでは相手がどのような行動に出たとしても，自分は特定の選択肢をとるのが望ましい．それに対して，チキン・ゲームでは相手とは異なる行動を，調整ゲームでは相手と同じ行動を，それぞれとるのが，合理的な選択となる．

　以上の議論に基づけば，「不変の因果法則」が成立しうるのは，他の行為主体の行動によって自分の合理的な選択が左右されない支配均衡が存在する場合に限定されることになる．逆に，支配均衡が存在しない場合には，自分にとって望ましい行為は相手の行動で左右されるのだから，意図の上では合理的に行動しようとするならば，相手がどのように行動するのかという「読み」が重要な意味を持つことになる．

　このように，社会現象において「不変の因果法則」がきわめて限定的にしか成立しないのであれば，カヴァー法則モデルに立脚する〈変数システム〉に基づく研究方法は，他の研究方法に対する優位性を主張する論拠を失う．その一方で，他の行為主体の行動に関する「読み」がしばしば重要な意味を持つのであれば，行為主体の意図や解釈を読み解いて，それに基づく行為の連鎖を探究しようとする〈行為システム〉に基づく研究方法は，社会科学の「科学化」が進んでいなかった過去の遺物なのでは決してなく，社会現象を解明する上で，一般的に想定されるよりもはるかに重要な役割を果たすと考えられる．

3.　〈行為システム〉の研究の展開

⑴　〈行為システム〉の方法論による経験的研究

　前節で概要を見てきたように，沼上は，これまで支配的な地位にある〈変数システム〉に基づく研究に根ざす問題を精緻に検討するとともに，それに代わるものとして〈行為システム〉に基づく研究方法論を提起してきた．ここで着目すべきなのは，沼上は既存の研究方法の問題点を鋭く指摘するだけ

ではなく，代わって提唱する方法論を実際に用いて，優れた経験的研究を自ら展開し，さらに実務家が現実の世界で考察を深めるために有用な視座を提供してきた点である．

〈行為システム〉に基づく学術研究は，前節で紹介したように①意図をもった行為主体，②相互依存関係，③意図せざる結果という3つがその研究方法の中心的な要素となることから，その具体的な手法としては，①当事者への聞き取り調査や資料などから得た豊富な定性的情報に基づいて，分析対象となる行為主体の意図や解釈に踏み込んだ事例分析，②複数の行為主体による相互作用のプロセスを考察する経時的な分析，③行為が合成されることで生じる意図せざる結果を研究上の問いとして重視する志向性，の3つが考えられる．特に第二の要素である経時的分析については，時間軸を長期にとって，歴史的研究として展開されることもある．

そのような手法を用いた，『行為の経営学』を記す以前の段階での沼上の経験的研究の1つとして，当時若手研究者であった淺羽茂，新宅純二郎，網倉久永とともに展開した「対話としての競争」がある（沼上ほか，1992）．この論文では，製品市場における企業間の相互作用を対話として捉えるという点で，市場における選択淘汰のプロセスを重視する従来の見方とは異なる競争観が，電卓市場において激しい競争の末に勝ち残ったカシオ計算機とシャープとの市場での相互作用に関する事例分析とともに，示されている．

「対話としての競争」の中で示された以下の記述からは，他の行為主体の行動や意図に関する「読み」や，行為主体間の相互作用に基づく行為の連鎖といった〈行為システム〉に基づく研究方法の基本的な要素が，この時点で既に意識されていたことが，推察される．「われわれの研究は，戦略策定者が競争相手や顧客の反応などを，いかに認識し，どのように意味づけていたのか，またその意味づけが競争相手や顧客の反応によってどのように変わっていったのかを，戦略策定者の主観に潜り込んで了解するというスタイルをとる」（ibid., p.66）．他方で，この論文では，意図せざる結果は研究上の問いとして，少なくとも明示的には設定されていない．

それに対して，意図せざる結果に関する考察を主題とした初期の研究とし

ては,「柔軟性の罠（flexibility trap）」に関する研究が挙げられる（沼上,
1993；2000；Numagami, 1996）. そこで取り上げられた事例の論点は, デ
ジタルウオッチの表示装置が発光ダイオード（LED）から液晶ディスプレ
イ（LCD）に切り替わるタイミングが, 日本が米国よりも早かったことに
ある. 日本企業が取引相手と長期的な取引を志向しており, 取引システムが
固定的であるのに対して, 米国企業は相対的に柔軟な取引システムを有して
いる. また, 取引システムが柔軟であるほど, 技術変化への適応力が高いと
考えられる. そのために, 米国企業の方が技術変化に迅速に対応するはずで
ある. ところが, デジタルウオッチの表示装置における技術転換では, 取引
システムが固定的であるはずの日本企業の方が早いタイミングで転換を果た
した. しかも, 表示装置の技術転換については, 日本でも米国でも同様の見
通しを持っていた. なぜ同様の見通しを持っていて, かつ適応力が高いはず
の米国企業において, 実際には技術転換のタイミングが遅れたのか. これが
この研究での基本となる問いである.

　この問いに対する答えは, 取引システムの柔軟性がもたらす意図せざる結
果にある. 柔軟な取引システムに参加している買い手の企業にとっては, 技
術転換が想定されるタイミングで切り替えるのが合理的であり, それまでは
在来技術を採用する. しかし, そのために, 予想される技術転換のタイミン
グまでは, 新規技術への需要は顕在化することなく, 在来技術が支配的であ
ることから, 新規技術の開発・投資は相対的に遅れていく. それに対して,
固定的な取引システムでは, 買い手側の企業は新規技術を市場から即座に調
達できないために, 予想される技術転換のタイミングに向けて新規技術の開
発・投資を前もって進める必要がある. その結果として, 柔軟な取引システ
ムでは, 柔軟な取引が可能であるがゆえに, 固定的な取引システムよりも技
術転換が遅れていく. このような, 関係する行為主体がそれぞれ意図の上で
は合理的に行動して, それらの複数の行為主体による行為が合成された結果
として生じる意図せざる結果が,「柔軟性の罠」である.

　なお,「柔軟性の罠」に関して, 沼上は複数の著作を記しているが, それ
らの分析内容や議論の力点は異なっている. 最初の論文（沼上, 1993）で

は，デジタルウオッチにおける LED から LCD への技術転換に関する事例
は念頭に置かれていたものの，議論を単純化したモデルに基づく概念的な議
論を中心としていた．それに対して，3 年後に刊行された英文論文（Numag-
ami, 1996）では，1970 年代から 80 年代における日米企業の状況がより具
体的に記述された事例分析が展開されている．さらに，『行為の経営学』で
は，〈行為システム〉に基づく研究方法を実践した事例分析として位置づけ
て，その見方に沿って議論が進められている（沼上，2000，第 6 章）．

　上述のような，それまで沼上が展開してきた研究をベースとして，その時
点での包括的な研究成果として出版されたのが，『液晶ディスプレイの技術
革新史』である（沼上，1999）．本書は，液晶ディスプレイ技術の開発プロ
セスをまとめた 600 頁を超える大著であり，経済・経営系の優れた書籍に
贈られる日経・経済図書文化賞とエコノミスト賞を受賞している．そこで
は，大量の資料や国内外の関係者に対するインタビュー記録などの膨大な
データに基づいて，液晶ディスプレイ技術が発展してきた過程が丹念に考察
されている．

　この著作では，液晶に関する基礎研究のごく初期の段階である 1880 年代
後半の液晶相の発見から，書籍が刊行される直前の 1990 年代後半における
製品技術の開発状況に至る，長い期間を分析対象として，様々な側面が議論
されているが，書籍全体を包括する問いとして設定されたのは，企業システ
ムと技術革新のタイプとの対応関係に関する既存の見解に対する疑義であ
る．前述の「柔軟性の罠」で取り上げられた従来の見方と同様に，柔軟な特
性を有する米国の企業システムはラディカルな技術革新に，長期安定的な特
性を有する日本の企業システムは積み上げ的な技術革新に，それぞれ適合し
ていると広く考えられている．しかし，企業のみならず，大学や研究機関な
どを含めた幅広い行為主体の間の様々な関係を長期間にわたり考察していく
と，「米国：柔軟なシステム→ラディカルな技術革新，日本：長期安定的な
システム→積み上げ的な技術革新」という単純な図式が成立しないと，沼上
は主張する．

　多様な行為主体間の相互作用を対象とする長期間にわたる考察は，〈行為

システム〉に基づく研究方法をとることで，はじめて可能となる．『行為の経営学』の「まえがき」における以下の記述には，『液晶ディスプレイの技術革新史』の方法論的位置づけに関する沼上自身の考えが，明示されている．「本書（筆者注：『行為の経営学』）の方法論的立場に関する議論は，本来，もう1冊の拙著『液晶ディスプレイの技術革新史：行為連鎖システムとしての技術』の第1部に収められるはずだった．しかし両方合わせると出来上がりで900ページを超えてしまうことを考えて，技術革新史を中心とした書物と理論系の書物の2冊に分けることにした」（沼上，2000，p.iv）．

(2) 他の研究者による経験的研究の展開

　〈行為システム〉に基づく研究方法論は，経営学をはじめとする社会科学における経験的研究全般に向けて提唱されている．実際に，『行為の経営学』などの沼上の研究方法論に関する著作は，経営学者を中心に多数引用されている．ただし，影響力のある研究がもとの文脈から離れて引用されがちであるのと同様に，沼上の研究方法論が他の研究者に引用される際には，〈行為システム〉に基づく方法論には立ち入らずに，質的データを中心とする事例研究の妥当性を単に主張するだけの場合も，しばしば見受けられる．

　その一方で，様々な行為主体の意図や解釈と，それらの行為主体による諸行為の連鎖という，〈行為システム〉に基づく研究方法の中核的な要素を取り入れた経験的研究も，他の研究者によって展開されてきた．

　その代表的な研究の1つとして，島本実によるナショナル・プロジェクトに関する歴史的研究を挙げることができる（島本，2014；Shimamoto，2020）．この研究では，新たなエネルギー技術の研究開発に向けた，大規模なナショナル・プロジェクトであった「サンシャイン計画」について詳細に調査した上で，独自の視点から分析しており，日本語の書籍は日経・経済図書文化賞を受賞している．

　島本の研究における特色の1つは，生じた事象の流れを時代に沿って記述するのではなく，同じ「サンシャイン計画」を分析対象としながらも，①プ

ロジェクトを推進する主体である政府の動向，②プロジェクトに参加する企業・研究機関という組織の動向，③各組織に所属する研究者・技術者などの個人の動向という3つの分析単位それぞれについて，事例分析を個別に展開して，異なる様相を描き出している点にある．このように，島本は，視点の異なる事例分析を複層的に展開することによって，「プロジェクトを主管する政府が当初掲げた目標の成否と外的条件との関係」というようなマクロ的な視点（島本の書籍では「第一事例分析」）だけでは見えない論点を明らかにすることに成功している．

　島本による3つの階層から成る事例分析では，企業・研究機関といった組織（「第二事例分析」）や技術者などの個人（「第三事例分析」）という行為主体間の相互作用が描かれている．特に，個人の動向に焦点を当てた「第三事例分析」では，企業の技術者や官僚が個人として何を考えて，どのように行動して，その結果にどのように反応していったのかという行為の連鎖が克明に記されている．このような特色を有する島本の研究は，複層的な事例分析による独自の分析手法と組み合わせて，〈行為システム〉の研究方法を実践したものだといえる．

　また，兒玉公一郎は，島本とは異なる視点から，〈行為システム〉の方法論に依拠した事例分析を展開している（兒玉，2020）．兒玉が取り上げたのは，写真のデジタル化に伴うラボ業界への影響に関する事例である．銀塩写真フィルムを用いる従来のカメラがデジタル・スチル・カメラ（DSC）に代替されることによって，フィルムの現像・焼付を担当してきたラボは，壊滅的な打撃を受ける可能性があった．しかしながら，実際には，ラボはデジタル写真をプリントする場所として，転換を果たしている．

　この単純には理解できない事象が生じたプロセスでは，富士写真フイルム（当時）が1990年代後半に開発した「デジタル・ミニラボ」という機器が重要な役割を果たしたとされる．このデジタル・ミニラボは，ラボの店頭でフィルムを現像して，その画像をスキャナで取り込んで，デジタル処理を加えて，プリンタで出力する装置であった．つまり，デジタル・ミニラボは，カメラのデジタル化に直接対応するものではなく，むしろ従来の銀塩写真

フィルムの画質向上を主たる目的としていた．さらに，ラボを併設するカメラ店をチェーン展開する企業がこのデジタル・ミニラボをデジタル化の対応手段として捉えて，大規模に採用することによって，ラボ業界全体に普及していくことになった．

　この事例の詳細については，本書の第 2 章を参照していただくとして，ここで注目するのは，児玉の研究では，〈行為システム〉に基づく方法論に忠実に従って，事例分析が進められている点である．この事例では，ラボ業界のデジタル化への対応に貢献した機器は，DSC への対応を目的として開発されたのではなかった．また，この機器を大規模に採用したカメラチェーンは，ラボ業界全体への影響を意図していた訳ではなかった．つまり，関係する行為主体はそれぞれ自らの意図を持って行動し，その行為が連鎖していくことによって，ラボ業界が事前に予想せぬ形でデジタル化に対応していくという「意図せざる結果」が生じたプロセスが，詳細な資料や多数の関係者に対する聞き取り調査などをもとにして，そこでは描かれている．

⑶　組織の〈重さ〉研究

　以上のように，〈行為システム〉記述による事例分析が他の研究者によっても展開されてきた一方で，沼上自身は質問票調査に基づく定量分析を中心とする経験的研究にも関わってきた．その代表的な研究が，「組織の〈重さ〉」を中核概念とする研究プロジェクトである．この研究は，沼上が所属していた一橋大学の経営学領域が 2003 年に文部科学省の 21 世紀 COE に選ばれたことから，そこでの基幹的なプロジェクトとして，日本の大手企業を分析対象として開始された．研究の初期段階では，沼上がリーダーとなり，商学研究科（現・経営管理研究科）に所属する当時 30 代中盤の若手教員をプロジェクトの構成員として進められ，後に大学院生がリサーチ・アシスタントとして加わる形で，合計 7 回の質問票調査が 2018 年に一応の終結を迎えるまでに隔年で実施されている（本書第 5 章参照）．

　この研究の背景には，日本企業の企業組織，とりわけ事業組織が機能不全に陥っているという問題意識があった．日本企業では，ミドル・マネジメン

ト層が相互作用することで生み出される創発戦略（emergent strategy）を強みとしてきたとされる．しかし，いわゆるバブル経済が崩壊した 1990 年代以降，日本企業のマネジメントが十分に機能していない可能性が指摘されてきた．そこで，沼上らの研究プロジェクトでは，ミドル層の相互作用を阻害する状況として「組織の〈重さ〉」という新たな概念を想定して，日本企業の事業組織において創発戦略の創出・実行を阻害する組織特性を明らかにしようとした．

　これまでの本章の議論との関係で重要だと思われるのは，「組織の〈重さ〉」の研究プロジェクトにおける方法論的な立場である．前述のように，〈行為システム〉の方法論に立脚する典型的な研究では，比較的長い時間軸をとって，行為主体の意図や解釈を含めた事例研究を行っていた．それに対して，「組織の〈重さ〉」プロジェクトでは，〈変数システム〉に基づく研究で用いられる，質問票調査から得た定量的データの分析を中心に据えている．

　このような「組織の〈重さ〉」プロジェクトにおける調査・分析手法は，〈行為システム〉に基づく研究方法とは一見矛盾しているように思えるかもしれない．しかし，〈行為システム〉に関する方法論の議論は，前節で見たように，〈変数システム〉に基づく方法論の前提となる法則定立性が成立しない，つまり回帰分析などによる定量的な分析結果が「不変の因果法則」を明らかにするものではない，としているだけで，〈変数システム〉の方法論による分析結果が無意味だと考えている訳ではない．

　〈行為システム〉の研究方法論における〈変数システム〉記述の位置づけについて，沼上は次のように記している．「しかし法則定立を至上目的としないとは言っても，これまで支配的な環境記述様式であった変数システム記述がまったく無用になるわけではない．（中略）これまで変数システム記述を採用し，法則を定立しようとしてきた既存研究の成果は，その所期の目的であった法則定立には成功しないと思われるが，われわれの研究にとって非常に重要な単純化されたシステム記述を蓄積してきたのだと位置づけることができるであろう」（沼上，2000，pp.136-137）.

　また，この質問票調査で得たデータの分析にあたり，少なくとも沼上自身

は，変数間の因果関係に関しても，慎重な立場をとっている．この点について，「組織の〈重さ〉」プロジェクトの初期段階に出版された書籍で，沼上は次のように記している．「本書の分析では，その意義がある限りにおいて，まず質問票に盛り込まれた変数の記述統計を解説し，その変数と組織の〈重さ〉変数との相関関係を確認し，その大きさについて解釈を加えていく作業が展開されている．またその相関関係をもう少し大きなコンテクストの下で理解するために，パス解析が用いられている．パス解析は，変数と変数の間の関係を多段階の因果関係として捉える手法である．しかし，われわれがパス解析を用いている意図は，厳密な因果モデルを構築するためではない．本書における分析はまず相関分析が主であり，その相関分析の結果をもう少し大きなコンテクストでまとめて理解するための第1次的な解釈を加えた簡単なパス解析を行っているのである」（沼上ほか，2007，pp.24-25）．ここからは，パス解析が示す分析結果は，変数間の因果関係を「厳密に」示すものではなく，分析対象とする事象の横断面的な全体像を簡潔に示す手段として，沼上が見なしていると考えられる．

⑷　〈行為システム〉に基づく方法論の実践的展開

　以上で見てきた〈行為システム〉に基づく方法論の立場からは，実証研究を通じて「不変の因果法則」を発見して，その知見を広く提供するという従来想定されてきた役割を経営学者は果たせないことになる．この立場に立てば，「『法則はないけれども，論理はある』という答え以外に，社会研究の1分野としての経営学は用意できるものがない」（沼上，2000，p.188）ためである．

　「法則」に代わって経営学者が提示できて，かつ意味がある「論理」としては，行為主体間の相互作用から生じる「意図せざる結果」が考えられる．当事者が意図した通りに結果が生じる場合には，それは当事者が既に考えていたことであり，経営学者がその経路を示しても，根本的な部分で貢献をするわけではない．それに対して，意図せざる結果は，当事者が事前に想定していなかった事象であり，経営学者がそのメカニズムを解明したのであれ

20

ば，明らかにした内容はその経営学者独自の貢献になるからである．

　経営現象における意図せざる結果に着目して，沼上が早い段階で示した実践的な考え方の1つに「間接経営戦略」がある（沼上，1995b；2000）．間接経営戦略とは，軍事戦略の間接的アプローチの発想を経営戦略論に応用的に展開して，競合企業や顧客などの関係する行為主体との相互作用によって生じる事象を，当事者である企業側が反省的に自社に取り込む経営戦略である．沼上の例示によると，かつてのモスフードサービス（モスバーガー）では，日本マクドナルドをはじめとする競合企業との相互作用や，自社や競合企業の主要顧客間での相互作用から生じた状況を，同社が経営戦略に反映することによって，その独特な市場地位を構築していったとされる．この考え方からは，モスバーガーの戦略に「ニッチ戦略」とか「差別化」といった単純なラベルを貼るような見方とは異なる様相が示される．

　その後，沼上は，『経営戦略の思考法』において，既存の経営戦略論を踏まえながら，経営戦略に関する自らの考え方を体系的に示している（沼上，2009）．この書籍の副題が「時間展開・相互作用・ダイナミクス」とされるように，そのベースにあるのは，〈行為システム〉に基づく方法論である．

　ここで特に着目すべきなのは，様々な事象の分析に〈行為システム〉の方法論に基づく発想が用いられているだけではなく，一般的にとられる経営戦略の思考法を分類する上で，〈行為システム〉の方法論が直接的に展開されている点である．

　沼上の議論において，典型的な経営戦略の思考法は，①カテゴリー適用法，②要因列挙法，③メカニズム解明法の3つに分類される（図1-2）．カテゴリー適用法とは，ある現象を説明する際に，より大きなカテゴリーの一員に位置づける方法である．経営現象で言えば，「あの会社はソフトウェアを扱っているから，儲かっている」というような説明の仕方である．第二の要因列挙法とは，複数の要因を挙げて，ある現象を説明する方法である．例えば，「あの会社は，品質が高いソフトウェアを扱っている上に，迅速なサービスを提供しているから，儲かっている」といった説明である．それに対して，メカニズム解明法は「要因を列挙するばかりではなく，要因間の因

果関係を考え，そこに人間の意図や行為を十分に意識した議論を盛り込んだ」（ibid., p.157）説明方法である．

　これらのうち，最も単純なカテゴリー適用法は，固定観念を単に当てはめているという点で，「『思考法』というよりも，発想法であり，『〈深い思考〉の欠如』」（ibid, p.154）という問題があるとされる．それに対して，要因列挙法は，多くの企業人が行いがちな考え方で，カテゴリー適用法よりも説得力が大幅に増すものの，「要因と結果の間，また要因相互間の関係を読み解く際に，行為者たちの相互作用が時とともに展開されていくメカニズムが十分に意識化されていない点がとりわけ深刻」（ibid., p.157）という問題も残されている．この要因列挙法の問題を解決する思考法が，メカニズム解明法である．

　既に推察がつくように，この 3 つの分類は，『行為の経営学』で示された〈変数システム〉と〈行為システム〉に関する基本的な考え方がベースとなっている．カテゴリー適用法は思い込みで 1 つの独立変数だけに着目した，き

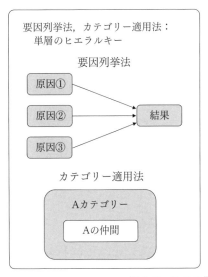
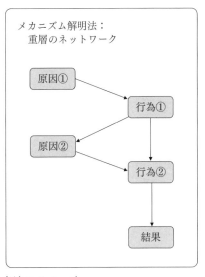

図 1-2　3 つの思考法のイメージ

出所：沼上（2009），p.150.

わめて単純な〈変数システム〉の見方であり，要因列挙法は重回帰分析と同様に，複数の独立変数が従属変数に与える影響を考えるという〈変数システム〉の見方そのものである．それに対して，メカニズム解明法は行為主体の行為の連鎖を前提として，現象の背後にあるメカニズムを捉えようとする〈行為システム〉の方法論に立脚した見方だということである．

　さらに，沼上は，一般的な思考法の整理や体系化のみならず，経営者をはじめとする個人の思考法を具体的に解析する際にも，〈行為システム〉の方法論を展開している．その代表的な著作は，ヤマト運輸社長として宅急便事業を創始した小倉昌男に関する書籍である（沼上，2018）．この書籍は日本企業の著名な経営者を取り上げるシリーズとして刊行されているが，沼上が担当した書籍の特色は，小倉昌男の評伝をまとめた前半部分よりも，「第二部　論考」と題する後半部分にある．そこでは，先に触れた経営戦略の思考法に関する3類型を示すとともに，小倉昌男による具体的な記述に基づいて，「小倉昌男はカテゴリー適用法や要因列挙法で留まっている人々の思考を，固定観点に縛られた，非合理的なものだと考えていた」(ibid., p.259)とした．その上で，ヤマト運輸の経営者としての小倉昌男の意思決定を様々な状況から読み解き，過去に生じた事象を考察し，将来起こりうる状況を推察する際に，小倉昌男がメカニズム解明法に基づいて思考していたと，沼上は考察している．

4．おわりに

　以上では，沼上幹が提起した〈行為システム〉に基づく経営学研究の方法論について，その概要を確認した上で，その方法論の具体的な展開方法を検討してきた．

　沼上による一連の著作から明らかになるのは，少なくとも結果的には，一貫した思想に基づいて，研究が進められてきた点である．意志を持ち，反省する能力を備えた人間は，外部環境から与えられる条件に，機械仕掛けのように同じ反応を繰り返すわけではなく，想定と異なる事象が生じたら，その

状況を振り返って，未来に向けて活かしていく．そのような人間によって構成される社会を分析する際には，反省能力を持たない対象を扱う自然科学とは異なる方法論を必要とする．その代替的な方法論として，沼上は〈行為システム〉に基づく研究方法論を提唱するとともに，自らの経験的研究において実践してきた．さらに，その方法論は，実務家が直面する状況に関する分析にも適用されるとともに，実務家の思考方法に関する考察まで展開されている．

　この適用範囲の広さからわかるように，〈行為システム〉に基づく研究方法論は，狭義の学術研究に留まるものではなく，実務家をはじめとする人々が日々思考し活動する際にも示唆を与えるという点で，きわめて実践的である．沼上が提唱する研究方法論は，一部の研究者で構成される閉じられた世界だけを対象にするものではなく，意図の上では合理的であろうしながら，思い通りにはいかない現実に直面し，そこで悩みながら打開策を打ち出そうとする人々に，有用な視点を提供するものなのである．

　このように考えていくと，われわれに残された課題は，沼上が構想してきた方法論を自らの学術研究にどのように取り込んで，それを発展させていくのかということだけではなく，現実における様々な意思決定の局面において，その考え方をいかに活かしていくのかという点にもあるように思われる．

注

1　本書では，本章のように〈変数システム〉，〈行為システム〉という表記を使っている章と，〈変数のシステム〉，〈行為のシステム〉という表記を使っている章があるが，指している内容は同一である．なお，沼上自身は，〈変数のシステム〉，〈行為のシステム〉という表記を『行為の経営学』を中心として用いるとともに，「変数システム記述」や「行為連鎖システム」といった表記を併用している．

参考文献

Emery, F. E., and Trist, E. L. (1965). The causal texture of organizational environments. *Human Relations, 18* (1), 21-32.

兒玉公一郎 (2020). 『業界革新のダイナミズム：デジタル化と写真ビジネスの変革』白桃

24

書房.

沼上幹 (1993).「柔軟性の罠：フレキシブルな競争システムが技術転換のタイミングに及ぼす遅延効果について」『ビジネスレビュー』41 (2), 30-48.

沼上幹 (1995a).「経営学におけるマクロ現象法則確立の可能性：個別事例研究の科学としての経営学に向って」『組織科学』28 (3), 85-99.

沼上幹 (1995b).「間接経営戦略への招待」『ビジネスインサイト』11, 32-45.

Numagami, T. (1996). Flexibility trap: A case analysis of U.S. and Japanese technological choice in the digital watch industry. *Research Policy, 25,* 133-162.

Numagami, T. (1998). The infeasibility of invariant laws in management studies: A reflective dialogue in defense of case studies. *Organization Science, 9* (1), 2-15.

沼上幹 (1999).『液晶ディスプレイの技術革新史：行為連鎖システムとしての技術』白桃書房.

沼上幹 (2000).『行為の経営学：経営学における意図せざる結果の探究』白桃書房.

沼上幹 (2009).『経営戦略の思考法：時間展開・相互作用・ダイナミクス』日本経済新聞出版社.

沼上幹 (2018).『小倉昌男：成長と進化を続けた論理的ストラテジスト』PHP研究所.

沼上幹・淺羽茂・新宅純二郎・網倉久永 (1992).「対話としての競争：電卓産業における競争行動の再解釈」『組織科学』26 (2), 64-79.

沼上幹・軽部大・加藤俊彦・田中一弘・島本実 (2007).『組織の〈重さ〉：日本的企業組織の再点検』日本経済新聞出版社.

Pondy L. R., and Mitroff, I. I. (1979). Beyond open system models of organization. In B. M, Staw (Ed.), *Research in organizational behavior,* Vo.1 (pp.3-39). JAI Press.

Porter, M. (1980). *Competitive strategy.* Free Press (土岐坤・中辻萬治・服部照夫訳『競争の戦略』ダイヤモンド社, 1982年).

島本実 (2014).『計画の創発：サンシャイン計画と太陽光発電』有斐閣.

Shimamoto, M. (2020). *National project management: The Sunshine Project and the rise of the Japanese solar industry.* Springer.

Weick, K. E. (1979). *The social phycology of organizing* (2nd Ed.). Random House (遠田雄志訳『組織化の社会心理学（第2版）』文眞堂, 1997年).

Weick, K. E. (1995). *Sensemaking in organizations.* Sage (遠田雄志・西本直人訳『センスメーキング イン オーガニゼーションズ』文眞堂, 2001年).

第2章

行為の連鎖システムとしての
イノベーション・プロセス

児玉公一郎

1. はじめに

(1) 問題意識

イノベーションがもたらすビジネスの変革はどのように進行するのだろうか. さらに, その変革の原動力となるダイナミズムとは一体どのようなものだろうか. イノベーションに常に付きまとう不確実性や偶然性というものを念頭に置くと, イノベーション現象に関する決定論的な理解は, そのような問いかけに対してどの程度有効な答えを用意できるだろうか.

経営学において, 決定論的世界観を前提とする法則定立を目指す研究アプローチに対して, 沼上 (2000) は, マクロ変数間の関係を記述した上で, その下における反省的実践家の思考経路を解釈・了解し, さらに行為者による行為とそれらの間の相互作用とを綜合し, 〈意図せざる結果〉を解明していく, という研究指針を提示した.

そのような研究指針に基づき, 本章ではイノベーションという現象を行為の連鎖システムとして描き出すことで, その背後に存在する原動力や因果メカニズムを読み解くことを目指す. 具体的には, 大規模な技術変化によって破壊的な影響を被るビジネスを取り上げて, 既存のプレーヤーたちがどのように対応し, 既存ビジネスがどのように変容したのかという〈what〉に関する問いに基づいて事実を整理し, さらに〈why〉という問いに基づいてその背後の変革メカニズムの解明を試みる.

ここでの分析上の視座に関して言及しておくと, 本章のように1つの業

界やビジネスを分析単位として，イノベーションのプロセスについて明らか
にするという問題設定の下では，業界全体を俯瞰的に捉えるばかりでなく，
行為主体の具体的な行動にも着目して，分析対象の業界やビジネスに含まれ
る多数のプレーヤーの動きを包括的に分析するのが適切だと考えられる．

　この点において，イノベーションの破壊的側面について論じた既存研究で
は，単一の企業や組織に焦点が絞られていたことを指摘できる（Abernathy
and Clark, 1985; Foster, 1986; Tushman and Anderson, 1986; Henderson and
Clark, 1990; Christensen, 1997; Tripsas, 1997; Tripsas and Gavetti, 2000; Hill
and Rothaermel, 2003）．だが，多数のプレーヤーを擁する１つの産業や業
界を分析単位とする場合には，単一のプレーヤーは全体を構成する一部にす
ぎず，その部分だけに焦点を当てても現象の全体像を捉えきれない．仮に
個々のプレーヤーによる小さな部分的「変化」が積み重なったトータルの結
果として産業や業界全体のレベルでより大きな「変化」が生み出されている
というのであれば，その大きな「変化」を捉えるためには，より広い視座の
下で関連するプレーヤーの動きを同時に分析する必要がある．

(2)　事例の概要

　本章で分析対象とするのは，写真のデジタル化というイノベーションに直
面した，街の写真店（ラボ）のビジネスである．

　ここで言う写真のデジタル化とは，デジタル・スチル・カメラ（DSC）が
フィルム式カメラを代替したことに伴う，写真技術の根幹部分でのイノベー
ションのことを指す．かつては銀塩写真技術に基づく写真フィルムで写真を
撮るということが一般的であり，撮影済みのフィルムに現像・プリントの処
理工程を担当する街の写真店（ラボ）は，写真の消費者にとっては不可欠な
存在であった．DSC が本格的に普及し始める直前の 1995 年時点で国内には
２万軒を超えるラボが存在した．だが，1990 年代半ばから急速に DSC が普
及し始め，わずか 10 年ほどでフィルム式カメラに代替した．DSC ではラボ
での処理を介さずして写真を鑑賞することが可能になったことで，このよう
な製品イノベーションは，ラボのビジネスそのものの存在を否定しかねない

ほどの破壊的なポテンシャルを有していた．それにもかかわらず，ラボ業界はデジタル写真に対応しながら非常に粘り強く存続している．

　では，既存のラボ業界はこのような環境変化にどのように対応したことで，ラボのビジネスの存続が可能になったのだろうか．このような問題意識の下で，以下の第2節では，ラボのビジネスの存続理由について，主として業界全体についてのマクロの視点で考察する．だが，「ラボ業界」は多数の小規模のプレーヤーによって形成されており，「ラボ業界」で使用される設備機器や消耗品などのサプライヤーとは機能的に補完関係にある．第3節から第5節では，これらの個々のミクロのプレーヤーに注目して，それらの個々の行為と，相互行為のプロセスに配慮しながら，ミクロの行為者による行為の連鎖システムとして描き出す．さらに，第6節では，社会現象の動態的な変化の様態を捉え，その背後のメカニズムを理解する上で，行為の連鎖システムとして理解するという研究アプローチがイノベーションという現象の理解にどのように寄与しうるか，さらに，それがどのような実践的な意義を有するのか，イノベーション現象に付随する不確実性や偶然性という点に着目して考察する．

2.　マクロ・レベルの現象

⑴　写真のデジタル化の破壊的側面

　写真のデジタル化というイノベーションが既存のラボのビジネスに対していかなる意味を持ちうるか，より具体的には次の2点を指摘できる．

①写真のデジタル化は，ラボにとって能力破壊的イノベーション（competence-destroying technological change）としての性格を有していた（Tushman and Anderson, 1986）．銀塩写真のシステムとデジタル写真のシステムは技術と消費者行動の両面で非常に親和性が低いため，銀塩写真のシステムに属していたラボがデジタル写真のシステムに参加することは困難であると考えられる．

②PCの周辺機器として普及が進んでいた家庭用インクジェットプリンタ

（IJP）は，技術と消費者行動の両側面において分断的イノベーション
（trajectory-disrupting innovation）としての性格を有し（Christensen,
1997），デジタル写真の代替的プリント手段としての地位を確立しつつ
あった．

　これら①と②を踏まえると，写真のデジタル化というイノベーションにラ
ボのビジネスが対応することは非常に困難であるという推論が可能である．

　しかしながら，DSC が普及してフィルム式カメラを代替したにもかかわ
らず，銀塩写真時代から写真プリントを担ってきたラボ業界は，デジタル写
真に対応しながら非常に粘り強く存続しているのである．こうした点に注目
すると，写真プリントのビジネスは，1 つの産業がイノベーションによる強
い淘汰圧力に直面しながらも存続の道を確保した事例として捉えることがで
きる．

(2)　業界レベルで見たラボのビジネスの存続論理

　上述の推論に反してラボが自らのビジネスをデジタル写真に転換できたの
はなぜだろうか．また，代替的な写真のプリント手段である IJP が台頭する
中で，ラボはいかにして写真の消費者を繋ぎ止めたのだろうか．このような
問題意識の下で，消費者行動と企業の既存能力という 2 つの要素に着目す
ると，次のようなラボ存続の論理が抽出される．すなわち，ラボはデジタ
ル・ミニラボという新機構の機器を導入してデジタル写真の「お店プリント」
という DSC ユーザー向けの新サービスを展開した．これにより，急速に縮
小するフィルム写真のビジネスへの依存から脱却しつつ，新たにデジタル写
真の領域に活路を見出したのである．

　ここで，ラボが写真の消費者を繋ぎ止める上で，デジタル写真の「お店プ
リント」のサービスを展開するタイミングが重要な意味を有していたことを
指摘できる．すなわち，「撮影した画像はラボに持ち込んで紙のプリントを
受け取る」という銀塩写真時代から培われた消費者の行動習慣が持続する期
間に，デジタル写真の「お店プリント」の新ビジネスを展開したことで，ラ
ボは DSC ユーザーを顧客として繋ぎ止めることができたと考えられる．

　以上がマクロ・レベルで見たラボのビジネスの存続理由である．このような論理を踏まえると，既存の企業やビジネス・システムが既存能力を活用しながら技術変化や代替という脅威に能動的に対応していくことが可能だという実践上の示唆が得られる．

3. 行為主体レベルでの現象の説明⑴：デジタル・ミニラボ登場のタイミング

⑴ デジタル・ミニラボの出現

　前節では，写真のデジタル化以降もラボ業界が存続する上で，デジタル・ミニラボという機器が決定的に重要な役割を果たしたことを指摘した．では，デジタル・ミニラボがなぜこのタイミングで出現し，しかもそれがなぜ速やかに普及したのだろうか．こうした問題を解明すべく，以下では，行為主体による行動を中心とするミクロのレベルにまで視点を降ろして，ミクロの行為者による行為の連鎖システムとして現象の発生メカニズムを説明する．第3節ではデジタル・ミニラボの登場のタイミングについて，第4節ではデジタル・ミニラボの速やかな普及について，それぞれその理由を検討していきたい．

　そこでの分析からは，デジタル・ミニラボの開発と普及のプロセスを個々の行為者のレベルに分け入って読み解くことで，それが当初の意図の通りの結果が得られるという意味で直線的なものであったわけではないことが明らかになる．

　デジタル・ミニラボがラボの存続にとって非常に好ましいタイミングで登場したのはなぜだろうか．このような問題意識の下で，本節では，ラボが使用する主要設備のサプライヤーの中でも特にミニラボのデジタル化を主導した富士フイルムに注目して，1999年5月に発売された同社のデジタル・ミニラボ機「フロンティア」の基本構想から製品化までの開発プロセスを追跡する．

　現象の時間的な展開を意識した事例の内容分析から明らかにされる結論を

先に述べておくと，デジタル・ミニラボがタイミング良く登場したのは，少なくともそれがDSCの出現や普及を見込んだ上で周到に準備されたからではないということである．むしろ，そのタイミングはその時々の組織内の事情を反映しながら創発的に決定されたと言える．

以下で，その具体的なプロセスを辿っていきたい．

ミニラボの基本機構をデジタル化する仕組みは，富士フイルムの宮原諄二という技術者によって構想された．宮原は，富士フイルムにとって「本業を陳腐化させるテーマ」を強化する目的で，1984年以降，光学デバイスとその周辺領域に関する研究に取り組んでいた．1987年，宮原は，富士フイルムの中堅技術者による全社的な技術戦略を検討することを目的とするプロジェクト（通称「チャランケ・プロジェクト」）に参加する機会を得た．1年あまりに及んだプロジェクトの最終報告書では，当時の富士フイルムにとっての本業とも呼ぶべきImaging領域におけるchemical imagingからphysical imagingへの移行という大きな潮流を視野に入れて，将来的に有望な分野への事業展開を図る必要性が訴えられた．富士フイルムの経営に対してこのレポートが直接的に影響を及ぼすことはなかったものの，宮原はプロジェクトでの議論を通して自分が温めてきたアイデアが全社的なパースペクティブの中でどのように位置づけられるのかを明確にしていった．

宮原が目指したのは，RGB（赤・緑・青）の光の3原色のレーザーを「ペン先」として用いて銀塩印画紙に画像を描く，レーザー走査露光による写真プリント手段の確立であった．だが，その当時，緑色と青色のレーザーについては実用の要求を満たすデバイスが存在しなかったため，宮原はレーザーデバイスを富士フイルムで自社開発してレーザー走査露光を実現するとともに，そこで開発するレーザーデバイスを将来の富士フイルムの収益源の1つとして育てることを企図した．そのような狙いの下で，1990年以降，波長変換素子を用いたSHGレーザーの開発と，「フロンティア」の出力部に該当するレーザー走査露光の基本的な仕組みを構築する作業（DiPP）とが，並行して進められた．

DiPPでは，アナログの画像情報をデジタル化して加工・修正を施すこと

により，高品位のプリントが得られる点が特に強調された．そうした潜在的メリットは，ミニラボ分野のリーダー企業であったノーリツ鋼機への対抗手段として，また，銀塩感材性能の向上のペースの鈍化を補完しうる手段として，社内でも大きな期待を寄せられていた．だが，DiPP は，当初の宮原の思い描いた通りに開発が進められたわけではなく，全社戦略との兼ね合いの下でさまざまな影響を受けた[1]．

　そのような制約下でも DiPP と SHG レーザーのそれぞれの開発グループ同士で相互の成果のやり取りを重ねることで，安定性と耐久性の要求を満たす波長変換素子の結晶が実現し，1994 年にはレーザー走査露光のおよその基本機構が実現したのである．

　次の段階では，DiPP で作られたレーザー走査露光の原型を実用のラボ機という製品に発展させることが目指された．そこで直面したのは，単に技術的な見地から判断できるものではなく，組織的な問題も不可避的に付随するような，従来とは異なるタイプの難しさであった[2]．これらの困難を 1 つずつ乗り越えることで，基幹ラボ向けの初代「フロンティア」が完成し，1996年 6 月に市場投入された[3]．なお，この発売時期は，並行して準備されていた APS（Advanced Photo System）規格のフィルムやカメラの発売が解禁されるタイミングを意識して設定されたものであった[4]．

　初代「フロンティア」が完成すると，次の目標は同様の機構を搭載したミニラボ（デジタル・ミニラボ）を開発することであった．初代「フロンティア」は主として基幹ラボでの利用を想定していたが，「フロンティア」をミニラボ化して消費者との直接の接点を有すラボ店に置くことで，ラボ店舗内での自家処理が実現し，圧倒的な迅速処理・引き渡しが可能になる．

　デジタル・ミニラボの開発では，初代「フロンティア」の基本的な枠組みを継承しながらも，開発期間の厳しい制約の下で，小型化，低価格化，高い処理速度，および画質の向上を同時に実現するために，個別のコンポーネントの設計段階まで立ち返って抜本的な作り直しが行われた．非常に短期間での突貫作業を経て，1999 年 5 月，内部機構をデジタル化したミニラボ機「フロンティア」FR350 が発売となった．

富士フイルムでは，デジタル・ミニラボは当初の技術者の構想や思惑とは別に，その当時にいまだ主力であったフィルム写真を美しくプリントするという用途に主眼が置かれていた．というのも，FR350 が発売された 1999 年当時，既に DSC の高画素化が急速に進展していたとはいえ，DSC は依然として既存のフィルム写真を代替するほどの脅威としては認識されておらず，銀塩方式の地位は揺るがないという見方が支配的であったからである．そのため，DSC で撮影された写真を出力することは付加的な機能の 1 つとして認識されていたにすぎなかった．

(2) デジタル・ミニラボの開発プロセスから読み取れるポイント

上述したようなデジタル・ミニラボの開発プロセスを追跡して明らかになったことは，デジタル・ミニラボがタイミング良く登場したのは，少なくとも DSC の登場や普及を見込んだ上で策定された緻密な公式計画に沿って周到に準備されたからではない．むしろ，「フロンティア」が登場したタイミングは，組織内でそれぞれの思惑を持った関係者の行為が織りなされることで経路依存的に決定していったと言える．つまり，デジタル・ミニラボが特定のタイミングで登場した理由を特定の要因に還元することは難しく，ちょうどデジタル・ミニラボが登場した頃に，たまたま DSC が本格的な普及に入ったというのが実相だと考えるのが妥当である．

だが，このような偶然によって，「フロンティア」におけるデジタル写真の出力という用途の重要性が徐々に高まることになった．DSC で撮影されたデジタル写真であっても高品位なプリントとして出力できることから，デジタル・ミニラボはデジタル写真の「お店プリント」というサービス展開に道を開き，ラボが生き残る上での「解」として注目されるようになったのである．

4. 行為主体レベルでの現象の説明⑵：デジタル・ミニラボの普及メカニズム

⑴　普及の阻害要因

　第2節で述べた通り，ラボ業界全体にデジタル・ミニラボが広く普及したことが，ラボのビジネスの存続につながった．しかしながら，次に挙げるような側面にも着目すると，当時はデジタル・ミニラボが決して早急に普及しうる状況ではなかったと解釈できる．

①投資負担の大きさ：慢性的な収益性低下が続く状況の下での，デジタル・ミニラボ導入に伴う資金的負担は大きかった．

②写真のデジタル化に関する不確実性：デジタル・ミニラボが登場した1999年当時，国内のラボ業界の多くのプレーヤーにとって，DSC の普及とそれに伴う写真のデジタル化は，決して当然視されていたわけではない．むしろ，銀塩写真の優位性の方が根強く信じられていた．

③写真業界の保守性：個人経営の小規模零細企業が多くを占める写真業界は，写真のデジタル化という環境変化に対応していこうという意欲が必ずしも高かったわけではない．

　本節では，これらの阻害要因が存在するにもかかわらず，デジタル・ミニラボが広くかつ速やかに普及したメカニズムを明らかにしたい．ここでは特に「カメラのキタムラ」（以下，キタムラ）というプレーヤーに注目し，キタムラの行動を起点とした波及的な影響に注目する．基本的な普及のロジックとして，以下の3段階に分けて説明を試みる．

　なお，以下では，事業環境の変化に対して積極的に対応していこうとするラボを「先進的ラボ」，対照的に事業環境の変化に対して積極的には対応しようとしないラボを「街場のラボ」と呼ぶことにする．

第1段階：写真のデジタル化の脅威を強く認識したキタムラは，デジタル写真の「お店プリント」を有望視して，DSC ユーザー向けのビジネスに舵を切った．

第2段階：キタムラと直接的に競合する各地の先進的ラボがキタムラに追

随して，デジタル・ミニラボの導入を進めた．

第3段階：街場のラボまでがデジタル・ミニラボを導入した．

(2)　キタムラによる積極的行動と「解」の発見

　全国でチェーン展開するキタムラは，ラボ業界の中でも特に率先してデジタル・ミニラボを導入した．DSC の本格的普及に伴う変化をいち早く察知したキタムラは，強い危機意識の下で DPE 関連事業の収益構造をフィルム写真からデジタル写真へシフトさせようとした．そのような目的の下で，500 を超えるチェーン全店に対して非常に迅速にデジタル・ミニラボの配備を完了させ，デジタル写真の「お店プリント」という新サービスを大々的に展開したのである．

　キタムラが早々に DSC の普及とフィルム写真の衰退を確信できた理由として，写真の現像・プリント事業ばかりでなくカメラ販売も同時に手掛けるという事業構造上の特徴を指摘できる[5]．すなわち，DSC の需要拡大とフィルム式カメラでの需要の落ち込みが同時に生じていることを，店頭での日々のカメラ販売を通じてリアルタイムで把握することができた．そこからは，カメラで生じている代替が必然的に自社の大きな収益源であるフィルムの現像・プリント需要の減少につながることが推論できた．つまり，カメラでの代替が，その後に起こるフィルム・プリントの需要減少のいわば先行指標としての役割を果たしたと考えられるのである．

　キタムラが写真のデジタル化の動きを察知して，デジタル写真の「お店プリント」という新ビジネスの構築に向けて行動したことの先見性は，同業他社との比較の下で一層浮き彫りになる．ラボ業界の中には「競争激化」と「プリント需要の減少」という2つの事象を関連づけて，「競争の激化こそがフィルム・プリントの減少の原因である」と認識したラボも少なからず存在した．そのような推論を行ったラボは，写真のデジタル化という現象を，フィルム・プリントの需要減少の根本的な原因として特定できていなかった可能性が高い．

(3) キタムラの貢献

　デジタル写真の「お店プリント」のビジネスの仕組みを構築する上でのキタムラの貢献は小さくなかった．そのような貢献として，ここでは次の2点を指摘できる．

①デジタル・ミニラボの用途の解釈

　デジタル・ミニラボをどのような用途で用いるのか，その意味づけにおいてキタムラは重要な役割を果たした．

　富士フイルムが「フィルム写真からの高品位なプリントを出力すること」を最も重視して「フロンティア」を開発したことが物語るように，デジタル・ミニラボは必ずしも写真のデジタル化という「問題」に対する「解」として位置づけられてはいなかった．

　これに対して，ラボ業界の中でもデジタル化の脅威を特に緊急性の高い問題として認識していたキタムラは，「フロンティア」を「写真のデジタル化にラボが対応するための手段」として捉え，「フロンティア」の全店導入を直ちに実行に移し，大々的にDSCユーザー向けにデジタル写真の「お店プリント」のビジネスを展開した．その結果として，フィルムからのプリントの高画質化に重きが置かれていたデジタル・ミニラボが，DSCで撮影されたデジタル写真の出力装置として見直されることになったのである．

②「解」のパッケージ化

　キタムラは「お店プリント」のビジネスの仕組みづくりにも大きな役割を果たした．DSCのユーザーとの直接的な接点を持つキタムラが店頭でキャッチした消費者のニーズをミニラボ・メーカーに対して発信し，ミニラボ・メーカーがそれに応えることで，徐々に「お店プリント」のビジネスの仕組みがパッケージとして整備されていったのである．その一例として，「オーダーキャッチャー」と呼ばれる店頭受付機の開発にはキタムラによる継続的で深い関与があったことが挙げられる．

　ミニラボ・メーカーは，そのようにパッケージ化された「お店プリント」

の仕組みをラボ業界全体に向けて供給した．そのため，キタムラとは競合関係にあるラボであっても，事業継続の意志と投資のための資金的余力さえあれば，たとえ写真のデジタル加工処理に関する知識に乏しくとも，「お店プリント」のビジネスを展開できるようになったのである．以下で述べるように，「解」のパッケージ化が追随するラボ店によるデジタル・ミニラボ導入を容易にしたと言える．

(4) 競合ラボの追随

　デジタル写真に対応できる体制を迅速に整備したキタムラの行動は，直接的に競合する他のラボに対してデジタル写真の「お店プリント」の事業機会について示すものであった．そのようなキタムラの行動による影響を受けたラボとして，全国にチェーン展開するラボや，地域は限定的であるものの各地に根差して展開する地域を代表するラボ店が挙げられる．これらの競合ラボは，当初はデジタル・ミニラボ導入に躊躇していたとしても，キタムラに対抗してデジタル・ミニラボの導入を進め，デジタル写真の「お店プリント」のサービスを展開するようになった．そこでは，デジタル写真の「お店プリント」の事業機会よりも，むしろキタムラを迎え撃つという狙いが顕著であった．

　キタムラと直接的に競合する全国チェーンや各地の有力店へも浸透していくのに伴って，デジタル・ミニラボはその周辺機器・サービスも含めて，写真のデジタル化という問題に対するラボ業界全体にとっての事実上の「標準的な解」として位置づけられるようになった．

(5) 街場のラボによるデジタル・ミニラボの採用

　デジタル・ミニラボを導入したのは，事業環境の変化に敏感でキタムラとも直接的に競合し合うような先進的ラボばかりではない．変化への対応に消極的なラボの中にも，デジタル・ミニラボを導入して「お店プリント」のサービスを展開したところが少なくなかった．ここでは，環境の変化への対応にそれほど積極的ではなかった街場のラボにまでデジタル・ミニラボが普及したメカニズムについて考えたい．

デジタル・ミニラボが写真のデジタル化という「問題」に対する「標準的な解」として位置づけられるようになったということは，事業継続を望むラボ店にとってはそれを受容することが当然であるという認識が業界内で共有されるようになったことを意味する．では，そもそも写真のデジタル化という環境変化に対して積極的に対応していこうという意識が希薄であった街場のラボまでが，その「解」を受容したのはなぜだろうか．その理由について，ここでは①「解」がパッケージ化されたことによる「問題」の特定，②デジタル・ミニラボ導入に対する制度的な圧力という2つの観点から説明する．ただし①と②とは，必ずしも相互に無関係なものではなく，実際には両方の影響が相まって街場のラボによるデジタル・ミニラボ導入が促進されたと考えられる．

①「標準的な解」の出現による「問題」の特定

キタムラによって見出された，写真のデジタル化という「問題」に対する「解」は，ラボ業界全体が進みうる1つの方向性を典型的に示唆するものであった．写真のデジタル化という「問題」に対する「標準的な解」が形成されたことで，デジタル化をそれほど深刻な脅威として認識していなかった街場のラボでもデジタル・ミニラボ普及が促進された．

その1つの理由として，「解」がパッケージ化されたことが，街場のラボによるデジタル写真の「お店プリント」という新ビジネスへの進出を容易にした側面もある．

だが，さらに踏み込むと，街場のラボが「解」を見たことで「問題」を知ったというメカニズムを指摘できる．具体的には，感材メーカーやラボ業界など，「お店プリント」の主要なプレーヤーが連携して，大々的なプロモーション活動が展開された．このような一般消費者向けのプロモーションが，実は，同時に供給業者であるラボ業界の個々のプレーヤーに対して，写真のデジタル化という危機を喧伝し，それに対する街場のラボの問題意識を喚起したと考えられるのである[6]．つまり，ここではデジタル・ミニラボという実体の伴った具体的な「解」が提示されたことで，写真のデジタル化に対する

問題意識を明確に認識していなかった街場のラボがその脅威に気づき, 自分たちが本当に取り組まなければならない「問題」を特定したのである.

②制度的な同一化圧力

街場のラボにまでデジタル・ミニラボが普及したもう1つの理由として, 個々のラボ店に対するある種の制度的な圧力の存在も指摘できる (DiMaggio and Powell, 1983). ここで観察される制度的圧力とは, 取引関係の不均衡を背景に何らかの不利益を押し付けるようなものというよりは, 受容する側が「そのような選択を行うことが当然だ」と考えてしまうような性格の圧力として表現できよう.

写真のデジタル化の脅威に意識を振り向け, そこへの対応手段としてのデジタル・ミニラボの導入が当然のこととして考えられるようになる制度的圧力として, ここでは (a) 流通面でのメーカーや卸とのタテの関係, (b) 同業のラボ店同士のヨコの関係という2つの側面が挙げられる.

(a)タテの関係:日本国内におけるカメラや写真用感材などの流通では, 歴史的にメーカーや卸売業者が末端の小売店に対して大きな影響力を有していた. そのため, ある種の権威ある存在であるメーカーや卸による助言や勧めであれば, 自ずと傾聴するに値するものとみなされ, それが小売店の意思決定に少なからず影響を及ぼしたと考えられる.

(b)ヨコの関係:多くの個人店によって構成されていた写真店業界では, 古くから各地で同業者による組合を形成して, 業界の振興が図られてきた. 同一地域の同業者は一見すると単なる商売敵でしかないという見方もありうるものの, むしろ組織化することによって, 同業者で足並みを揃えて需要喚起を行ったり, 業界秩序を維持したりすることで相互の繁栄を図るという意味で, 同業者組合は協調しながら競争するという性格を強く有していると考えられる. それは相互監視機能というよりも, むしろ業界の現状やあるべき姿に関するさまざまな情報をめぐる同業者同士の連絡会や勉強会としての性格を強く有していた.

⑹　「予言」による社会的作用

　業界全体にとっての「標準的な解」が形成されたことで，環境変化に対して積極的に対応していこうとしない街場のラボにもデジタル・ミニラボが普及したプロセスは，予言の自己破壊という社会プロセスとして読み解くことが可能である．これは，予言の自己成就と呼ばれるよく知られた社会プロセスの逆のバージョンとして位置づけられる（Merton, 1957；長谷, 1991；Weick, 1995）．すなわち，写真のデジタル化によって写真プリントのビジネスが消滅してしまうというある種の「予言」がラボ業界全体で共有されたことで，それまでデジタル化に対して積極的に対応していこうという意識が希薄であった街場のラボにも危機意識が浸透し，デジタル・ミニラボの導入が促進され，その結果として当初の「予言」が覆ったという論理である．この場合，「予言」に該当するのは，「写真のデジタル化によって既存のラボのビジネスが消滅してしまう」という信念であり，また，「予言」を周知せしめる役割を果たしたのがデジタル・ミニラボという「標準的な解」である．また，このプロセスにおいて，個々のラボ店の行動の原動力となったものは，デジタル写真の「お店プリント」がもたらす正の利益機会よりも，むしろ「ラボのビジネスが消滅する」ということに対する危機意識であったと考えられる．

　ただし，脅威に関する「予言」がデジタル・ミニラボの導入を促したのと同時に，一部のラボに対してはこれとは逆の作用，すなわち予言の自己成就としての側面についても指摘することができる．すなわち，後継者の不在や，デジタル・ミニラボへの投資余力が十分にないなどの事情で，長期的には事業継続の意志がないまま事業を続けてきたラボの退出が，「予言」によって促進されたという側面である．

　正反対に働く2種類の「予言」の作用を総合すると，デジタル化に関する「予言」がデジタル・ミニラボの普及を後押しした一方で，デジタル化に対応できないままやむを得ずアナログ・ミニラボによって営業を続けてきたラボの退出を促し，その結果としてデジタル写真に対応したラボのみが存続した．言うなれば，ラボのビジネスの危機に関する「予言」の浸透が両極端な

反応を同時に引き起こした結果として，ラボ業界の新陳代謝が促進されたと考えられるのである．

5. 個々の行為主体によるビジネス・レベルでの現象の発生メカニズム

ここまでの分析結果を簡単に振り返っておきたい．最初に，写真プリントのビジネス全体を俯瞰する視点でラボのビジネスの存続の理由を明らかにした．そこでは，フィルム式カメラからDSCへの代替が進行する過渡期にデジタル・ミニラボが出現したことが写真の消費者の行動習慣を維持し，ラボのビジネスが存続することになったというロジックを抽出した（第2節）．その上で，このようなビジネス全体で観察された現象の背後の因果メカニズムを辿るべく，個々のプレーヤーのレベルにまで視点を降ろして，行為主体による行為の連鎖システムとして現象の成り立ちを記述した（第3-4節）．

図2-1は，このような行為の連鎖によるマクロ現象の発生構造を俯瞰して捉えたものである．この図は，プレーヤーごとに全く異なるコンテクストの下で進行していた事象同士が結び付きながらビジネス全体の現象として織りなされていく様態を表している．そこでは，個々のプレーヤーによる1つひとつの成果（変化）を累積した結果として，ビジネス全体のレベルでは大きな変革が成し遂げられたことが分かる．

図2-1の展開で特筆すべきは，富士フイルムやキタムラといったプレーヤーによる突出的な行動が，トータルの変化を生み出す上で大きく寄与しているという点である[7]．

このような突出的行動が大きな成果につながる一因として，1つひとつの突出による変化の幅が大きいことが挙げられる．しかし，1つの突出が起きても，他に呼応する者がいなければ，あるいは，そこから新たに次の突出が喚起されたとしてもそれらがうまくかみ合わなければ，それぞれの突出の成果は単発的なもので終わって雲散霧消してしまったり，場合によっては成果が相殺されかねない．

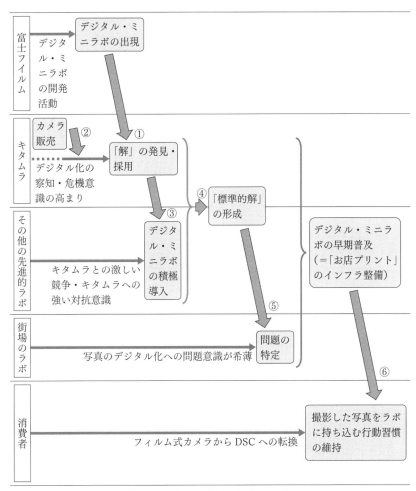

図 2-1　本章の事例の発生メカニズム

　図 2-1 において，個々の突出の幅よりも強調すべきは，そのような展開を駆動させるメカニズムである．そのエッセンスは「突出が突出を呼ぶ」と表現できよう．すなわち，1 つの突出が環境の安定性を崩すことで別のプレーヤーによる新たな突出を誘発するという波及的な側面を指摘することができる．このように波及的に生み出された 1 つひとつの突出がうまく結びつくと，トータルとしての成果（変化の幅）は非常に大きなものになる．

　本章の事例では，最初にデジタル・ミニラボという革新的な機器を生み出した富士フイルムによる突出があった．そしてキタムラが「フロンティア」に重大な意味を見出して，チェーン全店に導入するという新たな突出的行動を取ったことで，富士フイルムによる突出が重大な意味を持つようになり，他方で新たに他のラボの追随を呼んだ．このような波及的な影響まで視野に含めることによって，はじめてラボ業界全体によるデジタル化対応という変革のメカニズムを理解できると言える．

　このようなダイナミックな展開が成立する前提として，特に次に挙げる2点について言及しておく必要があろう．

Ⓐプレーヤーの特性：主体性と相互作用

　上記の事例で取り上げたプレーヤーは，各々が自ら状況を認識し，自らの判断の下で行動した．言い換えると，決して「ラボ業界」という単一の意思決定主体が存在した訳でもなければ，そこに属する個別のプレーヤーが何らかの強制力を伴った「統一的な意思」に従属して写真のデジタル化への対応に邁進した訳でもない[8]．

　とはいえ，個々のプレーヤーは，他者と完全に没交渉なまま自己完結的な行動に終始していたのでもなく，プレーヤー同士が影響を与え合うという相互作用も認められる．具体的には，ラボ店とミニラボ・メーカーの間の取引関係や同業のラボ店同士の競争・強調関係などを土台に，相手の出方を相互に参照し合いながら自らの行動内容を決定していた面が少なからず存在した．

　図2-1のように表されるラボのビジネスの変革と存続は，このような特性を備えたミクロのプレーヤーによる行為の集合的な結果であると言える．

Ⓑ偶然を介した事象の合流

　図2-1のような「突出が突出を生む」というダイナミックな展開では，プレーヤー間の分業関係が意識的に調整されていたのではない．むしろ偶然を介在させることで全く異なるコンテクストの事象同士が結び付いた結

果として生じたことを指摘できる.

　ここで言う偶然とは,（a）全く異なる因果系列の事象がたまたま結び付いて,別の事象を生み出したという意味での偶然性（すなわち,原因−結果に関する偶然性）,および（b）行為者の事前の意図とは異なる結果になったという意味での偶然性（目的−手段に関する偶然性）の両方を含んでいる（九鬼, 1936）.図2-1の中では,このような偶然による事象の結びつきを太い矢印（➡①〜⑥）で表している.仮に,①〜⑥のいずれか1つでもその偶然が存在しなければ,写真のデジタル化以降のラボのビジネスの存続に関して,実際とは異なる結果になっていた可能性は否定しにくい.

　上記のⒶとⒷを踏まえて,改めて図2-1に目を向けると,それぞれ異なるコンテクストの中にあるプレーヤーによる行為が半ば偶然的に合成されていったことの集合的な結果として,ラボ業界全体の存続の道が開けたということが浮き彫りになる.

6.　議論

(1)　行為の連鎖システムとしての現象理解

　業界やビジネス全体で生じている現象を個別の行為主体による行為の連鎖システムとして記述することで,一体何を明らかにすることができ,それがどのような実践的意味を持つのか.本章の締めくくりとして,本節ではそのような分析上の視座に関してもう少し詳しく掘り下げて考察したい.

　図2-1では,信念や知識,環境認識のあり方が異なる行為主体が,それぞれの思惑の下で行動した結果を集合的に捉えることで,当事者の当初の意図を超えてビジネス全体での現象が生成されていく様態を浮き彫りにした.このような,偶然をも介在させながら多様なミクロの行為主体によって織り成される社会現象の発生プロセスを解明する作業は,上記の現象で当事者である個々のプレーヤーにとっての〈意図せざる結果〉が生じた背後のメカニ

ズムを解明する作業として捉え直すことが可能である．

　仮に，そこでの一切のプロセスをブラックボックス化して，第2節で試みたようなビジネス全体のレベルで観察された分析結果のみに依拠してこの現象を事後的に解釈するならば，「写真がデジタル化したからデジタル・ミニラボが普及し，ラボ業界もデジタル写真のビジネスに転換できた」といった単純な合目的的行動としての理解に陥りかねない．

　だが，分析を通じて明らかにされた変革メカニズムは，より複雑なものであった．特に，そこで観察された「突出が突出を生む」というダイナミックな展開は，当事者のその時どきの認識やプレーヤー間の相互関係といった社会的側面までをも分析の射程に含めることで，はじめて明らかにできる性格のものであることは言うまでもない．つまり，人間による行為の連鎖システムとして現象を記述することで，多数のプレーヤーによって構成されるビジネスや産業の変革のダイナミズムの原動力や背後の因果メカニズムがいかなるものか，その本質的側面を捉えることが可能になったと言える．

(2) イノベーション現象における不確実性／偶然性という視点

　ここで，図2-1のような状況の展開が実現するカギとなった偶然性について，もう少し詳しく言及しておきたい．一般にイノベーションという現象に関して，新規のアイデアが創出されてから実用化・産業化などを通じて社会に受容されるまでの諸段階で，さまざまな不確実性が伴うことは否定できない．さらに，そのような事前の不確実性は，事後的に結果を振り返ったときの偶然性と表裏一体になっている．このような不確実性／偶然性を完全に排除できない理由の1つとして，イノベーションのプロセスで複数の行為主体が関与していることを指摘できる．たとえば，1つのイノベーションが一貫して単一の行為者・組織によって自己完結的に成し遂げられるというのは稀で，むしろ，あるアイデアが異なる人々を経由しながら発展的に変化していったり，そのアイデアがまったく予想外の用途に用いられたりすると考える方がイノベーションの現実をより的確に反映していると考えられる（Dodgson et al., 2008）．このような側面に着目すれば，そもそも事前の不確

実性を完全に排除することは困難であるという認識が得られる.

　不確実性や偶然性を前提とすると, ある行為を起点としたその後の展開は偶然によって決定される部分も多々存在するため, その後に起こりうる展開について正確なシナリオを描くことは容易なことではない. それどころか, 本章の事例に鑑みれば, 不確実性／偶然性という決定論的な理解が十分には及ばない要因がイノベーションによる社会変革のダイナミックな展開を生むカギになる場合すらあるとも言える. このように, 不確実性／偶然性の存在に注目すれば, イノベーションという現象に付随する〈意図せざる結果〉について探求する意義もいっそう明確になろう. 不確実性や偶然の影響の下で, ある特定の行為を起点にしてどのような展開が生じるかについて, 間接的・波及的なものも含めて総合的な観点からの経験的な知見を蓄積する意義は決して小さくない.

　それにもかかわらず, われわれが注目する偶然という現象は, 少なくとも経営学領域に限定しても, これまであまり観察対象にはされにくい傾向にあったように思われる. とりわけ経営学研究で主流となっている法則定立を志向している実証主義の立場では, 「観察される社会現象が偶然によって生じているのではない」ということを確かめることに 1 つの主眼が置かれていると述べても過言ではない. そこでは, 検証される命題のうち偶然的に生じていると判断されるものを徹底的に排除することで, 必然的と見なしうる基準を満たしたもののみを抽出する作業に多大な労力が払われている. そのため, 本章で取り扱った事例のように明らかに偶然の介在によって生じた現象については, 「そもそも注目するに値しない」と機械的に判断されても仕方がない.

　本稿の立場は, このような安定的・普遍的な社会法則を追求する法則定立的な研究アプローチが志向するものとは一線を画している. すなわち, 偶然についてはあくまでそれを偶然として認めた上で, その成り立ちや因果的な論理構造を多層的に描き出し, それらを架橋する論理を明らかにすることを目指している. その基底には, マクロとミクロというレベルの異なる視点からの分析を組み合わせることによって, 偶然を介在させながらダイナミック

46

に状況が展開していく現象に関して奥行きのある理解を得ることができるはずだという期待があった[9]．マクロ・レベルでは単なる偶然にしか見えない現象であっても，そこからさらにミクロ・レベルの行為者に分析単位を絞り込み，その行為者による状況認識や意図，「読み」，および行動内容などの具体的要素をも分析に含めて行為の連鎖システムとして捉えるならば，そうした偶然が生じるための個別の条件がどのように用意されたのかについて理解を深めることができよう．対照的に，ミクロの行為者に関心を限定してしまえば，それらによる個別の行為がどのように結びついてマクロ現象として合成されていったのかという視点は得られにくい．このように，マクロとミクロの分析結果を同時に視野に含め，両者を架橋するメカニズムを明らかにすることで，観察対象とする現象について重層的な理解を得ることが可能となると言える．

(3) 本章の議論の実践的な意義

　本研究は現象そのものに関する理解という観点ばかりでなく，研究によって得られた知見の実践上の有用性という観点においても，上述したような法則定立を目指す実証研究のアプローチとはいささか異なるところを志向しているとも言える．

　法則定立的な研究アプローチでは，そこから得られた命題を現実の問題解決に直接的に役立てようという目的論的な問題意識を暗に含んでいると考えられる．典型的には，「どうすればイノベーションを促進できるのか」「どうすれば新規のアイデアが，より多くの人に／より速やかに，受容されるのか」「どうすれば，既存企業は技術変化期を乗り越えることができるのか」といった実務的な〈how to〉に直結した形の問いを念頭に置かれた社会法則を提供しようという志向性を色濃く持つだろう．

　では，このような〈how to〉に直結する法則を見出すことを目指す訳ではないのであれば，本稿の分析内容に一体どのような実践的な意義がありうるだろうか．

　沼上（2000）は主体性を持った行為者の行為や相互行為から成る社会シス

テムを記述する意義について論じている．すなわち，ある固有の社会的な条件の下で，分析の対象となるプレーヤーによる「読み」などの主体的側面までを分析視角に入れ，そうした主体性を持つプレーヤーの行為の集合体として現象を描き出すことは，実践家に対して反省的対話の機会を提供しうるという．とりわけ〈意図せざる結果〉の解明が，そのような反省的対話を促進する可能性を指摘している．

　繰り返すと，企業組織にとって外部環境はコントロール困難なさまざまな不確実性に満ちており，行為者の事前の「読み」をたやすく裏切る．このような不確実性や偶然性が存在する以上，人間の社会現象に関する「読み」の能力には限界があると言わざるをえない．だが，実務家による行為からいかなる結果が生じたのかという観点から，〈意図せざる結果〉を念頭に事例を記述することによって，思うに任せない不条理な環境から逃れられずに，それをただ引き受けるしかない実務家に対して反省的考察の材料を提供できるかもしれない．そこからさらに，実務家とわれわれ経営学者との継続的対話を通じて，人間による「読み」の能力へとつながっていくことが期待される．

　さらにもう一段踏み込むと，現象そのものに関する〈what〉と〈why〉の問いに基づき，その発生構造を深く理解することで，個々の企業が実践的な場面により主体的に関わっていくことができる可能性も指摘できる．本章の事例に即して述べると，技術代替という環境変化を完全に与件として見なしてしまえば，その環境変化に個々のプレーヤーは従属的にならざるを得ない．だが，外部環境からの要請に対して受動的態度に徹し，もっぱら「合わせる」ことだけを目指すのでなく，より能動的な態度で状況の展開をうまく利用していく余地があると考えられる．

　イノベーションの担い手である実務家と経営学者との継続的対話は，今後のイノベーション研究の発展にも寄与しうるばかりでなく，実践的な意味においても次なるイノベーションを育む土壌を整えるために不可欠であると考えられる．今日，社会的にイノベーションの重要性を説く声はますます高まっている．実務家と経営学者との対話をこれまで以上に促進するためにも，このような事例研究を蓄積していくことはわれわれ経営学者にとっての

48

今後の大きな課題であると言える.

注

1 一例として，資源配分上の制約が挙げられる．DiPP を担当したのは通常は富士フイ
 ルムのミニラボ機の開発に従事するセクションであった．当時，富士フイルムでは，
 主力の 35 ミリフィルムに代わると目されていた新規格である APS が戦略的に重視さ
 れており，ミニラボ機を APS に対応させる必要に追われ，DiPP に開発人員を十分に
 割り当てることができなかった．
2 たとえば，具体的な用途として，大量処理が求められる同時プリントの用途に用いる
 か，付加価値プリントに限定して用いるかを予め選択する必要があった．
3 「フロンティア」とは，富士フイルムの手掛けるミニラボ機の商品名である．
4 APS とは，従来まで支配的であった 35 ミリ・フィルムに代わる狙いで導入された，
 写真フィルムの新規格であり，1996 年に登場した．その規格準備には，富士フイル
 ムをはじめ，多くの有力なフィルム・メーカーやカメラ・メーカーが参加していた．
5 2004 年時点でのキタムラの売上高の事業別構成は，カメラ販売の「映像機器部門」が
 約 5 割，DPE 関連の「プリント部門」が 3 割程度であった．
6 たとえば，富士フイルムとその商品を取り扱うラボ店を中心に，2002 年から展開さ
 れたキャンペーンでは，「デジカメで撮ったら写真にしよう」というメッセージが一
 般の消費者に対して発信された．これは特に DSC で撮影された写真のプリント手段
 として急速に台頭しつつあった IJP を強く念頭に置き，IJP に対する「お店プリント」
 の優位性を訴求したものであった．
7 ここで言う突出とは，競合やサプライヤー，顧客といった周囲の関係するプレーヤー
 にとって，従来まで通常視されていたものと比較して，その行動の質的内容が非常に
 ユニークであったり，その行動によってもたらされる変化の幅や速さの水準が格段に
 大きかったり，といった意味で用いている．
8 図 2-1 では，富士フイルムという単一の組織を一個のプレーヤーとして扱ってはいる
 ものの，第 3 節で確かめたように，その組織内部のプロセスにまで分け入ると，そこ
 でもさまざまな立場の人々（個々の技術者やトップマネジメント）が関与した結果と
 して，決して物事が直線的に決定されたわけではなかったことが分かる．
9 このように単一事例を取り上げて異なる視点から多面的に分析する試みとして，アリ
 ソンによる 1962 年のキューバ危機に関する研究（Allison, 1971）や，スヌークによる
 イラク展開中の米軍機の友軍誤射事件に関する研究（Snook, 2000），および島本によ
 るわが国におけるサンシャイン計画を取り上げた研究（島本，2014）などを挙げるこ
 とができる．ここで挙げた 3 つの研究は，いずれも基本的なスタンスを共有してい
 る．それは，「たとえ同一の社会現象を取り扱っていても，分析単位の取り方や焦点

の当て方，あるいは適用する分析枠組の選択次第で，現象の捉え方は異なる．異なる視点からの説明を組み合わせて補完し合うことで，個別の視点では十分に説明しきれない空白や，それぞれの視点からの理解の間に存在する懸隔を埋めることが可能になる」というものである

参考文献

Abernathy, W. J., and Clark, K. B. (1985). Innovation: Mapping the winds of creative destruction. *Research Policy, 14,* 3-22.

Allison, G. T. (1971). *Essence of decision: Explaining the Cuban missile crisis.* Little, Brown (宮里政玄訳『決定の本質：キューバ・ミサイル危機の分析』中央公論社，1977 年).

Christensen, C. M. (1997). *Innovator's dilemma: When new technologies cause great firms to fail.* Harvard Business School Press (伊豆原弓訳『イノベーションのジレンマ：技術革新が巨大企業を滅ぼすとき』翔泳社，2001 年).

DiMaggio, P. J., and Powell, W. W. (1983). The iron cage revisited: Institutional isomorphism and collective rationality in organizational fields. *American Sociological Review, 48* (2), 147-160.

Dodgson, M., Gann, D., and Salter, A. (2008). *The management of technological innovation.* Oxford University Press.

Foster, R. N. (1986). *Innovation: The attacker's advantage.* Summit Books (大前研一訳『イノベーション：限界突破の経営戦略』TBS ブリタニカ，1987 年).

長谷正人 (1991). 『悪循環の現象学：「行為の意図せざる結果」をめぐって』ハーベスト社.

Henderson, R. M., and Clark, K. B. (1990). Architectural innovation: The reconfiguration of existing product technologies and the failure of established firms. *Administrative Science Quarterly, 35* (1), 9-30.

Hill, C. W., and Rothaermel, F. T. (2003). The performance of incumbent firms in the face of radical technological innovation. *Academy of Management Review, 28* (2), 257-274.

兒玉公一郎 (2020). 『業界革新のダイナミズム：デジタル化と写真ビジネスの変革』白桃書房.

九鬼周造 (1936). 「偶然の諸相」九鬼周造『増補新版　偶然と驚きの哲学：九鬼哲学入門文選』(pp.27-48). 書肆心水.

Merton, R. K. (1957). *Social theory and social structure.* Free Press (森東吾・森 好夫・金沢実・中島竜太郎訳『社会理論と社会構造』みすず書房，1961 年).

沼上幹 (2000). 『行為の経営学：経営学における意図せざる結果の探究』白桃書房.

島本実 (2014). 『計画の創発：サンシャイン計画と太陽光発電』有斐閣.

Snook, S. A. (2000). *Friendly fire : The accidental shootdown of U.S. black hawk over*

Northern Iraq. Princeton University Press.

Tripsas, M. (1997). Unraveling the process of creative destruction: Complement assets and incumbent survival in the typesetter industry. *Strategic Management Journal, 18* (S1), 119-142.

Tripsas, M., and Gavetti, G. (2000). Capabilities, cognition, and inertia: Evidence from digital imaging. *Strategic Management Journal, 21* (10/11), 1147-1161.

Tushman, M. L., and Anderson, P. (1986). Technological discontinuities and organizational environments. *Administrative Science Quarterly, 31* (3), 439-465.

Weick, K. E. (1995). *Sensemaking in organizations*. Sage Publications (遠田雄志・西本直人訳『センスメーキング イン オーガニゼーションズ』文眞堂, 2001 年).

第3章

競争戦略における相互作用と
時間展開の定量的検討

小阪玄次郎

1. 問題設定

　社会現象を〈行為のシステム〉として捉える沼上の考え方が展開され，理論的な発展が促された代表的な分野の1つとして，経営戦略論が挙げられよう．沼上が提起した視座は，市場におけるそれぞれの企業の競争行動が相互作用し，それが経時的な変化を生んでいくプロセスとして競争を捉えるものであった．もう少し具体的には，企業の戦略策定者は自社の置かれている環境や競合他社を洞察し，その「読み」に基づいた競争行動をとる．各社の競争行動が相互作用し，生じた帰結から戦略策定者は学習して，新たな「読み」を形成し，次なる競争行動をとる，という競争観であると要約できる．

　こうした競争観の源流は，沼上ほか（1992）に見ることができる．同論文では，企業間の競争を「市場を介した対話のプロセス」と解釈する．戦略策定者は，「戦略スキーマ」，すなわち，競合他社や顧客の行動を解釈し，新たな製品コンセプトを創出する際に準拠する固有の思考の枠組みを持つ．企業の競争とは，この戦略スキーマに基づいて各社が製品展開をし，それを受けた競合他社や顧客の反応から学習し，さらに戦略スキーマを変化させていく，という発見と相互学習のプロセスとして同論文では捉えられる．

　競争を通じた企業間の相互作用と，その帰結としての時間的な戦略展開の推移に注目した視座は，その後も沼上（2009）に受け継がれている．さらに，日本の経営学界では，沼上ほか（1992）や沼上（2009）を直接に引用しつつ，その視座を個別事例研究に適用し，さらなる理論の発展を試みる研究

が行われてきた．たとえば，国家間の産業競争力の変化プロセス（具・加藤，2013），複数産業を横断した相互作用（藤原，2009），企業と社会活動団体の相互作用（三浦，2019）に注目した研究などがその例である．

　これに対して，アメリカの経営戦略論研究は，一時点あるいは比較的短期間の競争の状態に焦点を当てた，静態的な視座の研究が主であった（藤原，2008；2009）．その中にあって，競争ダイナミクス（competitive dynamics）の研究群は，企業の競争行動と，それに対する他社の反応，その相互作用によって生じる帰結に注目してきた（Chen and Miller, 2012）．競争ダイナミクス研究は，定量的なデータ分析に基づいた仮説検証を主要な研究方法とした．沼上（2000）で提示された研究方法論に照らせば，〈行為のシステム〉ではなく，〈変数のシステム〉としての記述であったと解釈できる．しかしながら，使われる分析手法が少しずつ複雑化するにつれ，定量的なデータ分析であっても，企業間の相互作用や，時間展開を織り込むことがある程度可能になっている．そうした定量研究は〈行為のシステム〉としての社会現象の理解と親和的であり，定量研究が因果関係のメカニズム解明に寄与できる余地は沼上ほか（1992）の当時よりも広がってきているように思われる．

　日本で多く行われてきた定性的な情報を主とした個別事例研究と，アメリカで多く行われてきた定量的なデータ分析による仮説検証型の研究とは，本質的には補完関係にあるはずである．しかしながら，相互作用や時間展開に注目した競争戦略の研究に関するかぎり，日本の研究とアメリカの研究とは相互に参照しあうことが少なかった．その結果，沼上ほか（1992）の構想した競争観に根差したその後の研究の発展の全体像は，いまだ十分には捉えられてこなかったように思われる．

　そこで本章では，まず，嚆矢的研究としての沼上ほか（1992）を再訪し，その後に続いた競争戦略の相互作用や時間展開に注目した日米の研究を概観する．そのうえで，先行研究を援用しつつ，日本のデジタル・スチル・カメラ（DSC）産業を対象として，戦略スキーマに基づいた製品展開と時間変化についての定量分析を試みる．この作業を通じて，沼上の提起した競争観の今日的な意義と，将来的な研究の可能性を探る端緒としたい．

2.　競争戦略の相互作用と時間展開をめぐる先行研究

⑴　沼上ほか（1992）の「対話としての競争」

　企業が競争相手を相互参照しながら，競争を通じて学習し，その後の戦略展開を変化させていく，という競争観は，沼上ほか（1992）を1つの嚆矢的研究として発展してきた．同論文では，市場競争が果たしている役割として，限られた知識しか持たない個々の経済主体が，競争を通じて，何が優れた製品か，より優れた生産や流通のやり方は何か，といった知識を発見するという側面に注目する．このような競争の役割に焦点を当てると，企業の戦略策定者が競争を通じて何を発見し，学習するのかを明らかにすることが経営戦略論の研究対象となる．同論文では，それぞれの企業の戦略策定者が，顧客に問うべく新しい製品コンセプトを生み出したり，競合他社の行動や顧客の反応を解釈して発見を得たりするために，基盤となっている固有の思考枠組みの存在を想定し，それを戦略スキーマと呼んでいる．戦略スキーマの概念に依拠して競争を定義するならば，競争とは「特定の戦略スキーマに基づいて製品コンセプトを生み出し，その製品コンセプトを競わせ，競争相手や顧客の反応に合わせて自社の戦略スキーマを変革していくプロセス」（沼上ほか，1992，p.66）である．

　こうしたプロセスを解明する研究の実践例として，同論文では，1970年代から80年代にかけての電卓産業におけるシャープとカシオの競争の事例分析が行われている．事例を大まかに要約すると，当時のシャープが持っていた戦略スキーマは，電卓を液晶や電池といった「要素技術の束」と見なす捉え方であった．それに対してカシオの戦略スキーマは，電卓をLSI（大規模集積回路）の論理回路設計によって実現される「機能の束」と見なす捉え方であった．これらの戦略スキーマに基づいて，1970年代半ばにシャープが独自の部品技術に注力して電卓の薄型化を達成し，消費者の支持を得る．それに反応してカシオは同質的な製品を投入しようとし，その過程でカシオの戦略スキーマは機能の束を実現する基盤として回路設計だけでなく部品技術も含むように変化した．1970年代後半になってカシオの電卓の多機能化

54

が進展すると，今度はシャープがそれを模倣し，その過程でソフトウェア技術をさまざまな部品技術の一種と見なして取り込むようにシャープの戦略スキーマは変化した．こうして彫琢されたそれぞれの戦略スキーマは，両社がさらにその後の独自性ある製品展開や多角化を行う基盤となっていった．

　沼上ほか（1992）が構想したこの競争観は，沼上（2009）へと受け継がれている．同書では，伝統的な経営戦略論を分類するための軸として，①事前の合理的計画と事後の創発のいずれを重視するか，②環境の機会・脅威と経営資源のいずれを重視するか，の2つの分類軸を示す．そのうえで第3の軸として，安定構造と，時間展開・相互作用・ダイナミクスのいずれを志向するか，という軸を提示し，とくに後者にかかわる，要因間の相互作用と，その時間展開によって生起する因果関係のメカニズムを解明する思考法の重要性が説かれた．

　この一連の競争観の独自性は，沼上ほか（1992）の同時代にアメリカで展開された経営戦略論の視座であるリソース・ベースト・ビューと比べればより鮮明になる．リソース・ベースト・ビューは，企業の競争優位の源泉として，企業が保持する経営資源に注目する考え方である．競争優位の源泉となる経営資源が経時的にいかに形成・蓄積されるかの解明は，リソース・ベースト・ビューにとって本来的には重要な論点であり，たとえば Wernerfelt（1984）にはそうした研究の志向性も見られた．しかし，そうした研究の志向性は，市場では調達できない経営資源の特性を明らかにする Barney（1997）らの研究が注目を集めるにつれ，退潮していった（藤原，2009）．こうしたアメリカの研究状況に対し，伊丹（1984）などの日本の研究者は，動態的な資源蓄積に注目した研究をより多く行ってきた．沼上ほか（1992）は，この研究基盤に立脚しつつ，個別企業内のプロセスだけに焦点を当てるのではなく，競争戦略を通じた企業間の相互作用によって生起するプロセスへと視座を広げた研究であった．

(2)　競争戦略の相互作用と時間展開に関する日本の経営学研究

　沼上ほか（1992）や沼上（2009）の提起した競争観は，その後，日本の経

営学研究者によって参照され，さまざまな個別事例の分析に援用されてきた．たとえば，具・加藤（2013）は，沼上（2009）を直接に引用して理論的基盤としつつ，それを国家間の産業競争力の変化を読み解くための視座とした研究例である．同論文によれば，日本の造船企業の間では市場の将来性への悲観的な認識が共有されていた．それゆえ，生産抑制と，高付加価値船の選別受注という企業行動が一般的となり，また，各社が事業多角化を進めたことによって造船事業への資源配分を柔軟に行うことが難しくなった．結果，造船の世界市場が再成長を迎えた時期に対応が遅れ，韓国企業が市場地位を逆転するに至った，という．また，企業の競争戦略として，製品開発や技術にかかわる戦略ではなく，既成のルールに働きかけてそれを変更させる制度的戦略の相互作用に注目した松嶋・水越（2008）のような研究例も存在する．

　尾田・江藤（2019）や，澤田（2014），高井（2017）は，競争戦略の相互作用と時間展開を読み解き，ある時期には特定の企業に競争優位をもたらしていた要因が，次の時期には競争劣位をもたらす，といった意図せざる結果が生まれることに着目した研究である．たとえば尾田・江藤（2019）は，電動アシスト自転車の産業形成を事例とし，異なるスキーマを持つ先行者と後発者の間での相互作用がそれぞれの市場地位の変動をもたらしたことを説明した．電動アシスト自転車をめぐっては，先行者であるヤマハ発動機は「最廉価品のオートバイ」というスキーマに基づいた低価格戦略を採り，後発者であるパナソニックは「高級な自転車」というスキーマに基づいた高付加価値戦略を採った．結果，産業形成の初期にはヤマハ製品の普及とそれを背景とした法的規制の緩和が実現した一方で，いったん産業が形成された後には，パナソニックの製品コンセプトの方が消費者や小売店に支持され，ヤマハが市場シェアを失う結果になった．また，澤田（2014）も，産業の形成初期に企業が特定のビジネスモデルに適合する資源配分を行い，それが競争を通じてより徹底されていくことで競争優位をもたらすこと，同時に，それが成長期に創発的に生まれる市場セグメントへの対応を阻害する要因へと転じる場合があることを論じる．

　さらに，競争戦略の相互作用や時間展開にかかわる主体をより広い視点から検討した研究もある．藤原（2009）は，単一の事業や市場ではなく，多角化企業が事業展開する複数の市場を横断して生じる相互作用に着目した．同論文では，DSC産業において高画素化競争が繰り広げられたことで，写真を印刷するインクジェットプリンタの印字精度の向上を消費者が求めるようになり，それを受けてDSCとインクジェットプリンタの双方を事業領域とするキヤノンとセイコーエプソンの間でインクジェットプリンタの印字精度をめぐる激しい性能向上競争が誘発された事例が検討されている．また，産業の形成にかかわる主体は企業ばかりではない．産業形成の主体として社会活動団体を視野に入れた研究に三浦（2019）がある．三浦（2019）では，靴産業において当初は周辺的な存在だった社会活動団体である日本靴総合研究会が，メディアや消費者の反応に学びながら説得戦略を変化させ，ついには企業・消費者とも従来重視してこなかった靴の履き心地の価値を浸透させ，シューフィッター制度を確立するに至るまでのプロセスが記述される．

　これらの先行研究は，そのほとんどが沼上ほか（1992）や沼上（2009）を直接に引用して理論的基盤としつつ，それを発展させようとした試みといえる．研究方法として採用されてきたのは，いずれの研究でも，沼上ほか（1992）と同様，産業の形成期を対象に，その形成プロセスを丹念に観察して定性的情報を収集した事例研究であった．ただし，尾田・江藤（2019）や高井（2017）のように，仮説検証の形式を採用してはいないが，定量的なデータ分析の手法を併用した研究例も存在しており，競争戦略の相互作用や時間展開の分析が，定性的な情報によってしか行えないわけではないことも示唆されている．

⑶　アメリカにおける競争ダイナミクス研究

　こうした日本国内の研究状況に比して，アメリカでの経営戦略論研究は，相互作用や時間展開をあまり考慮しない，〈変数のシステム〉としての静態的な視座に根差したものが主であった（藤原，2008；2009）．その一因としては，同時期から欧米の研究論文の多数を占めるようになった定量研究で

は，少なくともその初期段階において，相互作用や時間展開を分析モデルに組み込むことが簡単ではなかったことが考えられる．確かに，リソース・ベースト・ビューを1つの源流としたその後の研究では，沼上ほか（1992）の視座と似て，各企業の外部環境認知のフレーミングの違いや，組織慣性，あるいは経路依存性が折り重なった結果として生み出される，企業間の競争優位の差や，製品展開の方向性を分析した研究が続いている（e.g., Eklund and Kapoor, 2019; Zuzul and Tripsas, 2020）．こうした研究は，結果的には競争劣位をもたらしてしまう戦略を企業が採用するメカニズムや，ある特定のドミナントデザインが市場で定着するにいたるメカニズムを，主として定量分析によって解き明かしてきた．しかしながら，これらの研究は，フレーミングにせよ，組織慣性や経路依存性にせよ，企業が所与としてもつ固有の傾向が，その後の技術開発や製品展開等に影響を及ぼす，という，比較的単純なモデルを想定してきたように思われる．そこでは，沼上ほか（1992）が想定していた，相互作用を通じた企業の学習や，戦略の方向性の変化，という論点は必ずしも重視されてきたわけではなかった．

　こうした状況の中で，競争戦略に動態的な視座を導入した既存研究としては，Ming-Jer Chen らが体系化した競争ダイナミクス（competitive dynamics）の研究群が挙げられる．Chen らは，企業の競争行動とそれに対する他社の反応，その帰結と次の競争行動との結びつきを分析対象とした（Chen and Miller, 2012）．ある企業が差別化された競争戦略を打ち出したとき，競合他社は同質化するなどの競争行動によって対応する．しかし，その反応の早さは状況に応じて変化する．たとえば，特定の競合企業にとって脅威となる競争行動よりも，幅広い競合企業に脅威を及ぼす競争行動に対して，競合企業の反応は遅れがちになる．後者のような競争行動をとる企業は自社の行動に強いコミットメントがあると見られ，それに反応すればさらなる報復を招くと想定されるためである（Chen et al., 1992）．多角化企業同士が複数の市場での競争を行っている場合では，相手の意図や能力を把握しやすく，相手の競争行動を抑止しようとする動機も強まることから，反応はより迅速なものとなる（Yu and Cannella, 2007）．さらに，こうした競争の結果である

自他の業績を戦略策定者は参照しており，自社の達成した業績が十分な水準でないと経営者が認知すれば，設備投資や新市場への参入などのリスクをとった競争行動が採用されやすくなることを先行研究は示す（Audia and Greve, 2006; Ref and Shapira, 2017）．

　競争ダイナミクス研究は，その具体的な研究関心においても沼上の競争観と共通する点が少なくない．一例を挙げるならば，業界のリーダー企業はコスト・リーダーシップ戦略，チャレンジャー企業は差別化戦略を採るべきとする経営戦略論の教科書的理解に対する考察がそれである．沼上（2009）は，メカニズム解明の考え方の例示として，リーダー企業はヒト・モノ・カネにおいてチャレンジャー企業を上回るので，チャレンジャー企業の差別化に同質化することは比較的容易であること，そのため差別化が有効となるには，リーダー企業が同質化するのを遅らせる要素が必要であることを論じた．これと類似して，競争ダイナミクスの研究では，上述のとおり，差別化戦略に競合企業が追随してくるのを遅らせる要因は何であるかを探索することは重要な研究関心であった（e.g., Chen et al., 2002）．

　競争ダイナミクスに関連する研究群の中で，とくに沼上ほか（1992）に近い論点を扱った研究として，Benner and Tripsas（2012）が挙げられる．この論文は，企業が新しい産業に参入するときには，自らと同じ産業から参入してきている他の競合企業の製品展開を模倣する傾向にあること，および，その傾向は，企業がその産業での経験を積むほど弱くなっていくということを仮説検証したものである．アメリカのDSC産業を対象とした定量分析によって，カメラ・メーカー同士，パソコン・メーカー同士というように同じ出身産業の企業の間で相互参照して類似した競争行動をとること，時間とともに各社が学習して相互参照の関係が変化することが検証されている．Benner and Tripsas（2012）は定量的データを用いた仮説検証型の研究でありながら，出身産業ごとで形成されている戦略スキーマの存在と，企業の相互学習，その後の戦略スキーマの変化を示唆する興味深い研究例だと思われる．

　主にアメリカで発展した競争ダイナミクスの研究群は，競争戦略における

相互作用や時間展開に注目しつつ，それを定量的データを用いた仮説検証型の研究に展開できる可能性を示すものである．定量研究の近年の成果をふまえれば，〈変数のシステム〉としての記述の中に，相互作用や時間展開をある程度まで織り込むことは可能である．沼上ほか（1992）の構想当初期と比べ，定量研究であっても，メカニズムの解明に寄与できる余地は広がってきているように思われる．そうであるとすれば，近年の研究成果を援用しつつ，〈行為のシステム〉になるべく親和的な定量研究の実践によって，沼上の提起した競争観に対し，新たな含意を引き出すことができるかもしれない．

　そこで次節では，Benner and Tripsas（2012）の研究方法を参照しつつ，日本のデジタルカメラ産業の産業形成期を題材とし，戦略スキーマや企業の学習，戦略スキーマの変化を，あえて定量的なデータ分析に基づいて検討する試みを行う．

3.　DSC 産業における相互作用・時間展開の定量的検討

(1)　データ

　分析に使用するデータとしては，DSC 産業の 1998 年から 2005 年までの POS データを用いる．このデータには，各社が展開した個別製品の性能・機能や価格情報が含まれており，各社の競争と製品展開を観察し，各社がどの企業の製品展開を参照しているか，それがいかに変化するかを分析する作業に好適であると考える[1]．

　分析のうえでは，上述の Benner and Tripsas（2012）を参考とする．データの開始時期や，データの個別項目の相違から，同論文のレプリケーションとはならないものの，共通の研究目的として，複数の企業が共通のスキーマに基づいて製品展開をすること，他社製品との競争を経て参照する相手や模倣の度合いが変化していくこと，を定量的に検証する．

(2)　DSC 産業における競争

　日本の DSC 産業は，1995 年にカシオ計算機が「QV-10」を発売したのを

表3-1　DSC 参入企業の出身産業

カメラ	家電	コンピュータ
オリンパス	エヌエイチジェイ	セイコーエプソン
キヤノン	カシオ計算機	東芝
京セラ	三洋電機	日本電気
コニカ	シャープ	
ニコン	ソニー	
富士写真フイルム	日立製作所	
ミノルタ	松下電器産業	
リコー		

画期として成長を始めた．この産業が，企業の戦略スキーマや学習を分析するのに適する理由として，まず，新規参入企業が複数の異なる産業から参入してきたという経緯がある．新規参入企業は，大別すると，キヤノンや富士写真フイルムのようなカメラ・メーカー，ソニーや松下電器産業などの家電メーカー，東芝や NEC などのコンピュータ・メーカーの3つに分類される．Benner and Tripsas（2012）による分類に依拠し，DSC 産業に参入した企業の出身産業の分類を整理したのが表3-1である．同論文によれば，産業の形成期は不確実性が高いので，同じ産業から参入してきている企業同士で相互に参照し合い，類似したスキーマを発展させる傾向にある，という．

　もう1つの理由として，DSC は，産業の形成期において各社がさまざまな製品特性の付加を試みており，製品展開の特徴や他社による追随のパターンを観察しやすいことがある．DSC の製品特性の例としては，カメラの画素数，デジタルズーム機能，動画記録機能，SD カードなど外部記録媒体の規格採用，等がある．それぞれの製品特性を採用する早さには企業ごとに差異があり，どの企業がどの製品特性をより早期に採用したかを分析するのに適合的である．

　Benner and Tripsas（2012）の基本的な主張は，出身産業が同じ企業同士では市場や技術について類似した認識を形成しがちであるために，製品特性

を追加していくパターンが類似する傾向にある，というものであった．こう
した傾向が日本の DSC 産業における製品展開でも同様に観察されるかをま
ず大まかに確認する作業を行っておきたい．同論文がデータとして使用した
製品特性のうち，本章で使用しているデータの期間である 1998 年以降に採
用されるようになった新規の特性の 1 つに，動画記録機能がある．ここで
は，データ入手可能な 320 × 240 ピクセル以上の解像度を持った動画記録
機能を対象とする．この製品特性を備えたカメラを 1998 年に最初に市場に
投入したのが三洋電機である．三洋電機の製品投入後，家電メーカー，カメ
ラ・メーカー，コンピュータ・メーカーのそれぞれが同様の特性を備えたカ
メラを市場で展開していった．採用した企業数の経年変化を出身産業別で示
したのが図 3-1 である．1998 年から 1999 年にかけては，まず，三洋電機と
同じ家電メーカーが動画記録機能を次々に採用し，この間はカメラ・メー
カーやコンピュータ・メーカーの採用例は見られない．2000 年以降になる
と，写真メーカーやコンピュータ・メーカーが追随し，採用例が増えている
状況であることが窺える．大まかな傾向ではあるが，Benner and Tripsas
(2012) が指摘した傾向が，日本の DSC 産業における製品展開においても同
じように観察されそうである．

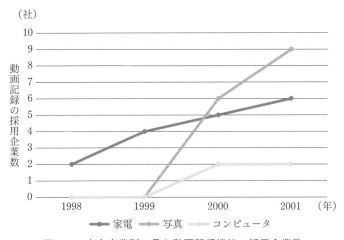

図 3-1　出身産業別に見た動画記録機能の採用企業数

(3) コックス比例ハザードモデルによる検証

　もう少し厳密な分析のために，定量分析の手法として，コックス比例ハ
ザードモデルを用いた回帰分析を行う．このモデルは，生存時間分析のため
に使われる手法の1つで，ある時点における事象の発生確率を求めるもので
ある．Benner and Tripsas（2012）で採用されているほか，競争ダイナミク
スの研究においてしばしば用いられる手法である（佐々木，2019）．この手
法を用い，ある企業が最初に特定の製品特性を採用すると，それに続いて，
出身産業が同じ企業と違う企業群とではその製品特性を採用する確率に差が
あるかを分析する．

　Benner and Tripsas（2012）では，DSC に追加された新しい製品特性とし
て7つを対象として分析を行っていた．そのうち，本章で使用するデータ
の開始時点である1998年以降に新しく採用されるようになった製品特性と
しては，動画記録機能と，外部記録媒体がある．動画記録機能としては，
データ入手可能な 320 × 240 ピクセル以上の動画記録機能の採用を分析の
対象とした．外部記録媒体としては，2000年代半ば以降の DSC で多数を占
めるようになる SD カードの採用を対象とした．

　従属変数は，ある製品特性を最初の会社が採用してから，同じ製品特性を
持った製品を自社が発売するまでにかかった月数である．データの終期であ
る2005年までにその特性を持った製品を投入しなかった場合は，2005年末
までの経過月数を算出したうえで，いわゆる打ち切りのデータとした．ま
た，独立変数は，ある製品特性を最初に採用した企業に対して自社の出身産
業が同じであるかどうかのダミー変数である．

　コントロール変数としては，対象企業の売上高（自然対数）と，1年間に
発売した製品点数，動画記録ダミーを含めた．企業の売上高や製品点数を含
めているのは，新しい製品特性を組み込んだ製品展開の早さには，戦略ス
キーマのほかにも，企業の規模の経済や範囲の経済に起因する，保有する経
営資源の多さも影響すると考えられるためである．いずれもデータの開始期
にあたる1998年のデータを採用した．また，動画記録機能と外部記録媒体
という2つの異なる製品特性のデータをプールして使用しているため，そ

表 3-2　記述統計と相関行列

	平均値	標準偏差	1	2	3	4
1 追随までの月数	22.12	11.79				
2 売上高 (自然対数)	8.91	1.87	−.194			
3 製品点数	5.38	4.75	−.164	.212		
4 動画記録ダミー	0.50	0.51	.096	−.018	−.019	
5 同じ出身産業所属	0.47	0.51	−.121	−.010	.024	−.236

N = 34.

れぞれの製品特性に固有の効果を識別するためにダミー変数を設定している．このほか，Benner and Tripsas（2012）と同様に，各社が保持する技術力の影響をコントロールするために，DSC に関する特許件数を含めることも検討した．しかし，「デジタルカメラ」の語を含む各社の特許件数を特許データベースである「特許情報プラットフォーム」から入手し，各社の売上高・製品点数との相関を算出すると，いずれとも 0.6 以上と高い相関を示した．このため，特許件数はコントロール変数に含めないこととした．

　記述統計と相関行列は表 3-2 に示したとおりである．

　コックス比例ハザードモデルによる分析結果を表 3-3 に示した．モデル 1 と 2 は，短期間での追随の度合いを観察するために，製品特性の最初の採用時から 1 年以内に各社が採用していれば，その月数を従属変数としたものである．モデル 3 と 4 は，データの対象期間の終期である 2005 年までの採用があれば，その月数を従属変数としたものである．モデル 1 と 3 はコントロール変数のみのモデル，モデル 2 と 4 は独立変数を加えたモデルである．表中の係数はハザード比を示す．すなわち，独立変数が 1 単位増えたとき，事象が生起する確率が何倍になるかを示している．モデル 2 における独立変数の係数は 4.12 であり，これは，新たな製品特性を最初に採用した企業と出身産業が同じであれば，出身産業が違う場合と比べて，その特性を採用する確率が約 4 倍になるということを意味する．しかし，モデル 4 に見られるように，この効果は，より長期で見た 2005 年までの各社の追随

表 3-3　コックス比例ハザードモデルによる分析結果

変数	1 年以内の追随		2005 年までの追随	
	モデル 1	モデル 2	モデル 3	モデル 4
コントロール変数				
売上高（自然対数）	1.23	1.05	1.08	1.08
	(0.23)	(0.82)	(0.11)	(0.11)
製品点数	1.05	1.05	1.02	1.02
	(0.07)	(0.07)	(0.04)	(0.04)
動画記録ダミー	0.47	0.62	2.15	2.11
	(0.71)	(0.73)	(0.46)	(0.46)
独立変数				
同じ出身産業所属		4.12*		0.79
		(0.82)		(0.44)
サンプルサイズ N	34	34	34	34
対数疑似尤度	61.35	61.35	139.45	143.13
カイ二乗	2.66	5.95	3.51	3.78

注：係数はハザード比，（　）内は標準誤差。　　*$p < 0.10$

　の有無を対象とした場合には統計的に有意ではない．この結果からは，先行した製品を各社が観察して学習するので，数年単位で見ると戦略スキーマの類似性が製品展開に及ぼす効果は明瞭ではなくなっていることが窺える．

　さらに，Benner and Tripsas（2012）では，出身産業が同じであることの効果は，企業が学習を重ねるほど弱まっていくという仮説が検証されていた．本節の分析においても，この学習の効果を検討しておきたい．企業の学習の蓄積の代理変数としては，同論文と同じく，新たな製品特性を最初の企業が追加した時点での当該企業のそれまでの累積の製品点数を独立変数として追加した．そのうえで，同じ出身産業に所属しているかどうかを表すダミー変数との交互作用項を作成し，2005 年までの追随があった場合の経過月数との関係を分析した．なお，累積の製品点数は表 3-3 でコントロール変数に加えていた単年度の製品点数との相関が大きいため，単年度の製品点

表3-4　交互作用効果の検討

変数	2005 年までの追随	
	モデル 5	モデル 6
コントロール変数		
売上高（自然対数）	1.09	1.11
	(0.08)	(0.10)
動画記録ダミー	2.03	1.56
	(0.44)	(0.50)
独立変数		
同じ出身産業所属		1.03
		(0.47)
累積の製品点数		0.98
		(−0.02)
同じ出身産業所属 ×累積の製品点数		0.98 (−0.02)
サンプルサイズ N	34	34
対数疑似尤度	143.13	143.13
カイ二乗	3.36	5.70

注：係数はハザード比，（　）内は標準誤差。

数はコントロール変数から除いた．分析結果は表3-4のとおりである．

　独立変数の有意確率はいずれも 10 ％に満たないために，この分析では変数間の関係について明確な言明をすることはできない．しかし，累積の製品点数（$p = .34$）と，交互作用項（$p = .28$）とも，係数は 1 を下回っている．すなわち，累積の製品点数が多いほど，同じ出身産業に属することの効果がどちらかといえば抑制されがちである可能性は示唆される．このことは，企業が学習を重ねると独自の戦略スキーマを発達させるようになる，とする先行研究と同じ方向を指し示していると考えることができる．

4. 考察と結論

　本章では，まず沼上ほか (1992) の競争観を再訪し，その後に行われた日米の先行研究を概観した．そのうえで，アメリカでの研究蓄積をふまえ，あえて定量的なデータ分析の手法を用い，〈行為のシステム〉に親和的な記述を行える可能性を模索した．これまで見てきたように，定量的なデータ分析であっても，競争戦略の相互作用や時間展開をある程度まで織り込むことは可能である．近年の分析手法によって記述できる領域は，1990 年代頃の経営学研究で行われた初期的な統計分析に比べれば広がっているように思われる．

　むろん，定性的な情報によってしか明らかにできない領域が依然として残されていることも本章の検討からは窺える．たとえば，もし出身産業が同じ企業同士で類似の戦略スキーマを形成しやすいのだとして，それぞれどのようなスキーマを持っているのか，また，相互の学習を通じてどのようにスキーマが変容したのかは，定量分析によっては明らかにならない．また，そうした戦略スキーマを保持し，学習して修正を施していくのは組織内のどの階層や部門であるのかも，定量的分析によって示すことはいまだ容易ではない．とりわけ組織の学習に関わる定量研究は，企業レベルの分析が主眼となり，よりミクロなレベルでの行為者の学習プロセスについては定性的情報によって補う必要性が大きい (Mitsuhashi, 2012)．

　したがって，沼上ほか (1992) の構想を今日において十全な形で展開する1 つの方法は，混合研究法 (mixed method) となるかもしれない．混合研究法とは，定量的・定性的な情報の両方を組み合わせた研究方法である．具体的な研究手続きとして複数の型がある中でも，これまで検討してきた研究の方向性と合致すると考えられるのは，まず定量的な分析手法を用いて変数間の相関関係ないし因果関係を特定し，次に，定性的情報の分析によって変数間の因果メカニズムをより詳細に明らかにする，というアプローチである (Teddlie and Tashakkori, 2009)．この研究方法を採用した論文の一例として，経営戦略論とは異なる分野の論文になるが，Gardner (2012) を挙げる

ことができる．同論文では，チームにおける成果圧力がチーム成果に及ぼす影響について，まず，媒介関係や調整効果を様々に含めたモデルを構築し，質問票調査のデータを用いた仮説検証を行っている．しかる後に，6つのプロジェクト・チームの45回のミーティングの定性的情報を分析し，モデルを構成する要因を細分化して，より多段階の因果メカニズムを提示する，という作業を行っている．

　元来，沼上（2000）が提唱した研究方法論は，社会の現象を生み出す背後にある行為者の意図を捉えるために，定量的な変数間関係だけではなく，定性的な情報を加えた理解が必要である，とするものであった．定量研究が法則定立を目指そうとする志向性については批判的であったけれども，定量的に変数間関係を整理して記述する試みを否定していたわけではないことに留意すべきである．事実，沼上ほか（2007）による「組織の〈重さ〉」をめぐる研究は，あくまで企業組織内の実践家の意図を了解し，因果関係のメカニズムを読み解こうとする思考を基盤としつつ，方法としては定量的なデータ分析を用いた研究であった．本章で述べてきたように，因果関係のメカニズムを読み解くうえで定量研究が寄与できる余地は広がっていると思われ，そのことは，定性的情報の分析によって明らかにすべき領域が何であるのかをより明確にすることにもつながっている．近年の定量研究が以前よりも〈行為のシステム〉と親和性のある分析を行えるようになったことで，沼上ほか（1992）の当初の構想は，さらに豊かに展開できる可能性が生まれているのである．

注

1　POS データは，日本国内の家電量販店 3000 店舗のデータのうち，1988 〜 2005 年の月別集計を二次加工したものを使用した。データの提供をいただいた神戸大学の伊藤宗彦名誉教授，上智大学の網倉久永教授に感謝したい．

参考文献

Audia, P. G., and Greve, H. R. (2006). Less likely to fail: Low performance, firm size, and factory expansion in the shipbuilding industry. *Management Science, 52* (1), 83-94.

68

Barney, J. B. (1997). *Gaining and sustaining competitive advantage*. Pearson.

Benner, M. J., and Tripsas, M. (2012). The influence of prior industry affiliation on framing in nascent industries: The evolution of digital cameras. *Strategic Management Journal, 33* (3), 277-302.

Chen, M. J., and Miller, D. (2012). Competitive dynamics: Themes, trends, and a prospective research platform. *Academy of Management Annals, 6* (1), 135-210.

Chen, M. J., Smith, K. G., and Grimm, C. M. (1992). Action characteristics as predictors of competitive responses. *Management Science, 38* (3), 439-455.

Chen, M. J., Venkataraman, S., Sloan B. S., and MacMillan, I. C. (2002). The role of irreversibilities in competitive interaction: Behavioral considerations from organization theory. *Managerial and Decision Economics, 23* (4-5), 187-207.

Eklund, J., and Kapoor, R. (2019). Pursuing the new while sustaining the current: Incumbent strategies and firm value during the nascent period of industry change. *Organization Science, 30* (2), 383-404.

藤原雅俊 (2008). 「経営資源観とイノベーション研究の統合可能性：多角化企業における イノベーションメカニズムの解明に向けて」『日本経営学会誌』*22*, 3-14.

藤原雅俊 (2009). 「産業間相互作用を通じた技術蓄積メカニズム」『組織科学』*43* (2), 84-96.

Gardner, H. K. (2012). Performance pressure as a double-edged sword: Enhancing team motivation but undermining the use of team knowledge. *Administrative Science Quarterly, 57* (1), 1-46.

伊丹敬之 (1984). 『新・経営戦略の論理：見えざる資産のダイナミズム』日本経済新聞社.

具承桓・加藤寛之 (2013). 「日韓産業競争力転換のメカニズム：造船業の事例」『組織科学』*46* (4), 4-18.

松嶋登・水越康介 (2008). 「制度的戦略のダイナミズム：オンライン証券業界における企業間競争と市場の創発」『組織科学』*42* (2), 4-18.

Mitsuhashi, H. (2012). Almost identical experience biases in vicarious learning. *Industrial and Corporate Change, 21* (4), 837-869.

三浦紗綾子 (2019). 「社会活動団体の戦略修正と市場創造：靴産業における社会活動団体・企業・消費者・メディアの相互作用」『組織科学』*52* (3), 20-32.

沼上幹 (2000). 『行為の経営学：経営学における意図せざる結果の探究』白桃書房.

沼上幹 (2009). 『経営戦略の思考法：時間展開・相互作用・ダイナミクス』日本経済新聞出版社.

沼上幹・淺羽茂・新宅純二郎・網倉久永 (1992). 「対話としての競争：電卓産業における競争行動の再解釈」『組織科学』*26* (2), 64-79.

沼上幹・軽部大・加藤俊彦・田中一弘・島本実 (2007). 『組織の〈重さ〉：日本的企業組

織の再点検』日本経済新聞社.

尾田基・江藤学（2019）.「先行者と後発者による新市場理解の相違：電動アシスト自転車の構造化プロセスを事例に」『組織科学』52 (3), 33-46.

Ref, O., and Shapira, Z. U. R. (2017). Entering new markets: The effect of performance feedback near aspiration and well below and above it. *Strategic Management Journal*, *38* (7), 1416-1434.

佐々木博之（2019）.「日本の石油化学産業におけるジョイント・ベンチャーの競争レスポンス・スピード」『組織科学』53 (1), 65-77.

澤田直宏（2014）.「競合企業との相互作用に基づくビジネスシステムの形成および同プロセスが生み出す市場ニーズとのミスマッチ」『組織科学』47 (4), 48-70.

髙井文子（2017）.「模倣・追随の二面性：日本のオンライン証券市場黎明期における企業間競争の実証的分析」『組織科学』51 (1), 46-57.

Teddlie, C., and Tashakkori, A. (2009). *Foundations of mixed methods research: Integrating quantitative and qualitative approaches in the social and behavioral sciences*. Sage.

Wernerfelt, B. (1984). A resource-based view of the firm. *Strategic Management Journal, 5* (2), 171-180.

Yu, T., and Cannella Jr, A. A. (2007). Rivalry between multinational enterprises: An event history approach. *Academy of Management Journal, 50* (3), 665-686.

Zuzul, T., and Tripsas, M. (2020). Start-up inertia versus flexibility: The role of founder identity in a nascent industry. *Administrative Science Quarterly, 65* (2), 395-433.

第 **4** 章

倫理的消費とコミュニケーション
ヴィーガン，ノン・ヴィーガン，
準ヴィーガンの相互作用のダイナミズム

古瀬公博

1. 問題設定

　沼上の主要な貢献の1つは，経営学における方法論の批判的検討である（沼上，1999；2000）．沼上は，企業を取り巻く環境記述の方法として，〈行為のシステム〉と〈変数のシステム〉という分類を提示し，1970年代以降の経営学では，〈変数のシステム〉として環境を分析する研究が支配的になっていったこと，また，この傾向は，ある事象を普遍的に説明しうるカヴァー法則の発見を目的とする研究の広がりとともに強まってきたことを指摘した．経営現象に限らず，意図と反省能力を持つ行為者からなるシステムにおいては，何らかの因果関係がカヴァー法則として安定的に生起することを想定するのはむずかしい．それゆえ，〈行為のシステム〉として環境を認識しようとすることや，カヴァー法則の発見を目的としないような研究を非科学的と批判するのは妥当ではない．もちろん，定量データを統計的に分析し，多くのサンプルにおいて共通して見られる因果パターンを発見することを目的とする研究の意義はあるけれども，そのような研究のみを科学的と捉えることは誤りである．その傾向がむしろ強化されている現在の経営学界において，沼上の主張はさらに重要性を増していると言えるだろう．

　筆者がこれまで行ってきた研究は，どちらかといえば，行為者間で見られるミクロな相互作用を対象としてきたが，行為者の利害や信念にもとづく意図を了解し，行為者間の相互作用のプロセスやダイナミズムを明らかにすることを重視してきた．たとえば，日本における中小企業の合併・買収を対象

とした研究では，売り手であるオーナー経営者，仲介業者，買い手企業の三者関係に注目し，「企業を売り買いすること」に対して異なる意味を付与する売り手と買い手の間で，仲介業者がその対立を調整する役割を果たしていることを明らかにした（古瀬，2011）．また，骨董商が参加する交換会（骨董商のみが参加できるオークション市場）に関する調査でも，売り手と買い手，また，会を主催する骨董商（会主）それぞれの利害や，「取引はこうあるべき」という信念に注目して，市場におけるプレイヤー間の相互作用の特徴を明らかにした（古瀬，2015）．これらの分析は，経営戦略論における〈行為のシステム〉としての環境記述と比べると，時間的・空間的な広がりの狭いものであるけれども，社会現象を記述する方法論としては沼上が提起したアプローチを採用してきたつもりである．

　本章では，倫理的消費に関して異なる態度・信念をもつ消費者の間で展開される相互作用プロセスを研究対象とする．具体的には，ヴィーガニズムを事例として，ヴィーガンとノン・ヴィーガン，また，ヴィーガンに準じたダイエット・スタイルをとる準ヴィーガン（semi-vegan）との間の相互作用の特徴を明らかにしていきたい．ヴィーガニズムは，「実践可能である限りにおいて，動物に対するあらゆる搾取や，残酷な行為，食料，衣服もしくはいかなる目的のための利用を排除することを求める哲学と生活様式」[1]を指す．本章では，ヴィーガニズムをめぐる相互作用の中でも，信念や態度の対立の影響を受けながら，ヴィーガンが主にノン・ヴィーガンに対して，どのようなコミュニケーションの戦略を採用して，ヴィーガニズムを普及させようとしているかについて，検討していきたい．

　倫理的消費が普及するためには，まだ倫理的消費を実践していない者に対して影響を与えて，行動を変容させる必要がある．影響を与える1つの経路が，倫理的消費者の実践者と非実践者の間のコミュニケーションである．典型的には，SNSなどで活動するインフルエンサーの影響を受けて，一般の消費者が倫理的消費を取り入れるといったものである（Johnstone and Lindh, 2018）．しかしながら，消費者に影響を与え，倫理的消費を採用させることは必ずしも容易ではない（e.g. Carrington et al., 2014）．倫理的消費を

取り入れることは，現在享受している便益を放棄することであり，また，その倫理性に関しても必ずしも社会的な合意が得られているわけではないためである．

　倫理的消費をめぐるコミュニケーションの問題は，ヴィーガニズムにおいて顕著にみることができる．動物の脱搾取を目指すヴィーガニズムは，動物性の食品や衣料品などの消費を否定し，一般的な消費者の生活に大きな変化を求めるものである．また，ヴィーガニズムの主張は，暗黙的に，一般的な消費者を「動物の犠牲を許容する」非倫理的な存在として位置づけるため，そのメッセージに対する否定的な反応も生じやすい．人間の生活にとって動物の犠牲が容認できないものであるかについては，社会的な合意が得られていないため，必ずしもヴィーガンの主張が受け入れられるわけではない．さらに言えば，ヴィーガニズムという観点においてより厳格ではない準ヴィーガンに対して，ヴィーガンは水平的敵対心（horizontal hostility）を抱くことも知られている（Rothgerber, 2014; Rosenfeld et al., 2020; MacInnis and Hodson, 2021）．このようなヴィーガンと準ヴィーガンとの関係も，ヴィーガニズムをめぐるコミュニケーションに影響を与えている．これらのヴィーガンと，ノン・ヴィーガン，また，準ヴィーガンとの間で見られる相互作用の性質が，ヴィーガンが採用するコミュニケーションの戦略にどのような影響を与えているかを本章では明らかにしていくのである．

2. 既存研究のレビュー

　ヴィーガンに関する既存研究には，ヴィーガンに転向する動機などに注目した心理学的な研究（Janssen et al., 2016）や，ヴィーガニズムの哲学的背景（Komorowska, 2021）などを論じたものなど多様なアプローチがみられるが（Bigo et al., 2021），ここでは，ヴィーガンを取り巻く相互作用に注目したものとして，(1) ヴィーガンに対するノン・ヴィーガンの否定的な反応と，(2) ヴィーガンと準ヴィーガンの間で見られる対立について，それぞれ紹介していきたい．

(1)　ヴィーガンに対するノン・ヴィーガンの否定的な反応

　ヴィーガンに関する既存研究のほとんどが欧米におけるヴィーガンを対象としたものである．イギリスを代表として欧米諸国においてはヴィーガニズムは比較的広まっているものの，ヴィーガンに対する否定的なイメージが強く存在していることが既存研究では明らかにされている．

　ヴィーガニズムに対して批判的・否定的な反応が生じる理由の1つとして，ヴィーガニズムが，動物の犠牲を前提として成立しているわれわれの生活や文化を否定するものであることが挙げられる（McDonald, 2000）．ヴィーガニズムの主張は，人間の生活のためには動物を犠牲にしても構わない，というわれわれが暗黙的に受け入れている前提を顕在化し否定することで，罪の意識という，多くの人にとって不快な感情を引き起こす．われわれは，自分は正しい人間である，と信じたい傾向をもつため（Lowell, 2012），自己の倫理観にとっての脅威になるヴィーガニズムに対して否定的な反応を示すことになる．

　ヴィーガニズムに対してネガティブな反応が生じる他の理由として，動物の犠牲を前提とする生活を変えるのが困難であると認識されているためである．動物性食品に対する味の嗜好やその入手可能性の高さから，動物性食品を省いた食事に転換することは多くの人にとって難しく感じられている（Lea et al., 2006）．また，動物性食品を使った食事が文化的に重視されている環境では，ヴィーガンに転向することはより困難である（Nilsson, 2019）．食事は社会的な行為でもあるため（Telfer, 1996），たとえば，家族の中で自分だけヴィーガンに転向することには大きな障壁が存在する（Edwards, 2013）．ヴィーガニズムが倫理的な思想・行動規範であると理解していたとしても，それを実行することが困難であるとすれば，動物の犠牲を前提とする現在の生活を正当化する必要があるため，ヴィーガニズムに対して否定的な反応を示すことになるのである．

　ヴィーガンによる主張に対して，ネガティブな反応が生じるもう1つの理由として，ヴィーガンによる主張が，ノン・ヴィーガンにとって「押し付け」に感じられることである（Markowski and Roxburgh, 2019）．これは，実際

にヴィーガンによる主張が批判的・攻撃的であることと，その受け手である
ノン・ヴィーガンの罪悪感がヴィーガンによる主張を「押し付け」と感じさ
せることの両面があると思われる．動物の権利の問題に限らず，社会的問題
を解決しようとする主張は，「正義」のためになされるものであるため，表
現が率直で，過激なものになりやすい．また，動物の権利の問題のように，
仮想敵が明確である場合には，その人たちを批判する主張になりやすいだろ
う．その一方で，送り手が「押し付ける」意図がなかったとしても，受け手
にそのように解釈される可能性もあるだろう．

　ヴィーガンとノン・ヴィーガンの間で，このような問題が存在するため
に，両者の間で親密な関係を形成・維持することが困難になることが指摘さ
れている（Greenbaum, 2012; McDonald, 2000）．両者の間の社会的距離が遠
いほど，ヴィーガンの主張は批判的なものになりやすく，それを受けて，ノ
ン・ヴィーガンが抱くヴィーガンの印象も悪くなり，その主張を受け入れに
くくなる，という悪循環が生じうる．

(2)　ヴィーガン同士また準ヴィーガンとの相互作用：水平的敵対心

　ヴィーガン同士や準ヴィーガンとの相互作用の特徴を扱った既存研究もい
くつか存在する．ここでいう準ヴィーガンとは，完全ではないけれども
ヴィーガンに近い生活を維持している者を指している．具体的には，肉や魚
は食べないが，乳製品や卵は摂取するラクト・オヴォ・ベジタリアン（lac-
to-ovo vegetarian）や，動物性食品の摂取を控えることを重視しつつもの，
状況に応じて柔軟に対応するというフレキシタリアン（flexitarian）などがこ
れに相当する[2]．

　ヴィーガン同士や準ヴィーガンとの相互作用の特徴として，水平的敵対心
（horizontal hostility）が挙げられている（Rothgerber, 2014; Rosenfeld et al.,
2020; MacInnis and Hodson, 2021）．水平的敵対心とは，ある少数派集団
が，類似するが弁別される他の社会的カテゴリーに属し，かつ主流派により
近い他の少数派に対して抱く敵対的な感情を指す（White and Langer,
1999）．少数派集団は社会的にスティグマの対象になりやすいが，少数派と

しての社会的アイデンティティに価値を置いているため，より多数派に近い立場に属する少数派に対して否定的な感情を抱くことに着目した概念である．このような敵対的な関係が，ヴィーガンと準ヴィーガンとの間にも生じていることが指摘されている（Rothgerber, 2014; Rosenfeld et al., 2020; MacInnis and Hodson, 2021）．

ダイエット・スタイルという点に関しては，いわゆる雑食者（omnivore）は主流派であり，ヴィーガンは少数派に位置づけられ，かつ，スティグマの対象になりやすいが，ヴィーガニズムの理念的な価値はきわめて強く重視されている．ヴィーガンの観点から見れば，乳製品や卵を摂取するベジタリアンは主流派に近く，ヴィーガニズムに反する選択をしているため，ヴィーガンから負の感情を向けられることになる（Rothgerber, 2014; Rosenfeld et al., 2020; MacInnis and Hodson, 2021）．また，同じヴィーガンやベジタリアンであったとしても，その動機が動物のためではなく，自身の健康のために実践している者に対しても，批判的な態度がとられることがある（Rothgerber, 2014; MacInnis and Hodson, 2021）．逆に，主流派に近いダイエット・スタイルをとる者は，ヴィーガンに対して警戒心や不安などをもつため，両者の間に緊張関係が発生し，それがヴィーガンおよびベジタリアンからなる集団の連帯を弱める可能性があることが懸念されている（MacInnis and Hodson, 2021）．

本節で指摘してきたように，近年では，ヴィーガンに対する理解や，その実践のしやすさは改善してきているものの，ヴィーガンに対して否定的・批判的な態度がとられる状況は続いている．また，ヴィーガンもノン・ヴィーガンや，準ヴィーガンに対して，批判的な態度を示すことも少なくなく，これらのプレイヤー間の相互作用は緊張を含んでいることが理解できる．本章では，このようなヴィーガンとノン・ヴィーガン，準ヴィーガンの間で展開される相互作用の特徴を明らかにし，その相互作用の影響を受けながら，ヴィーガンがどのようにコミュニケーションの戦略をとっているのかを明らかにするのである．

3.　方法

　本章では，ヴィーガンと，ノン・ヴィーガン，準ヴィーガンの間で展開される相互作用において，ヴィーガンが，どのように現状を解釈し，どのようにコミュニケーションの戦略を策定しているかを詳細に明らかにするため，定性的方法としてインタビュー調査を採用した．インタビュー対象者の選定に関しては，Twitter（現 X）および Facebook を通じて，直接，ヴィーガンに依頼するか，インタビューを実施した対象者から他のヴィーガンの紹介を受けた．2020 年 9 月から 2022 年 8 月までに実施した 24 件のインタビュー（ヴィーガン 22 名，ベジタリアン 2 名；男性 9 名，女性 15 名；一人当たり平均約 80 分）を分析対象としている．インタビューは Zoom などのビデオ通話ソフトウェアを使用し，録画・録音したうえで，文字起こしを行い，分析の対象とした．

4.　発見事実：ヴィーガニズムをめぐるコミュニケーション

　以下では，インタビュー調査から得られた発見事実として，ヴィーガンとノン・ヴィーガンの間で見られる相互作用と，ヴィーガン同士または準ヴィーガンとの間で見られる相互作用の特徴，ヴィーガンが採用するコミュニケーションの戦略について，それぞれ説明していきたい．

(1)　ヴィーガンに対するノン・ヴィーガンの否定的反応

　既存研究でも明らかにされているように，ヴィーガンの主張に対して，ノン・ヴィーガンが否定的な反応を示すことは広く見られている．もちろん，ヴィーガニズムの主張を肯定的に捉え，消費行動を見直す者も増えてきているけれども，一般的な反応であるとは言い難い．ヴィーガニズムは広く普及している既存の消費行動と対立し，また，一般的な消費者を「動物の犠牲を容認する」非倫理的な存在に位置づける主張であるので，現状の消費行動を維持し，また，自己の倫理性を正当化しようとする意志から，否定的な反応

を招きやすいのである．否定的な反応としては，ヴィーガンの食生活に対する健康上の懸念を示すことや，ヴィーガニズムに対する疑問や中傷などが見られる．

　健康上の懸念は，とくに身近にいるヴィーガンに対して，ノン・ヴィーガンから向けられる反応であり，ヴィーガンの食事が栄養学的に欠陥があるという認識や，自己の食生活や倫理性を肯定したいという感情から発せられるものだと思われる．それに対して，ヴィーガニズムに対する疑問は，その主張の論理的な矛盾を指摘しようとするものである．たとえば，「害虫や害獣を駆除している畑で採れた野菜は食べてもよいのか」などである．中傷は，より感情的で，強い否定の態度である．このようなノン・ヴィーガンからの反応を予期したり，経験したりすることが，ヴィーガンのコミュニケーションの戦略に影響を与えている．

　以下，これらのノン・ヴィーガンからの反応に関するヴィーガンの発言をいくつか引用しよう．

　　O. N.：私もヴィーガンだとはあまり公表してないんですけど，私が動物性のものを食べてないっていうのを知ってる人たちもいて．ね大丈夫なの，とか，そんな栄養取れないんじゃないのとか，なんか無駄な心配とかしてくるんですよね．いろんな議論になるんですけど，最終的にはもう私はいつも私はそこまで食い意地が張ってないだけだよっていう一言で終わらせるんですよね．（2021年3月4日）

　　B. U.：（家族に）[3]実はね，と言って，（お肉を）食べれなくなってきた，と言って，話し合いましたよ．けっこう，話し合いましたけど，前の旦那さんは，肉が健康のためには必要，と考えていたので．ありえないわけですよ，食べないなんて．まして乳製品や卵も食べないって，それって宗教でしょ，という反応でしたね．（2021年2月15日）

　上の発言に見られるように，ノン・ヴィーガンの反応として，ヴィーガン

は継続するのが困難であるという指摘や，健康に害があるといった懸念は典型的なものである．O. N. の発言にもあるように，健康に対する懸念も，ヴィーガンに対する批判のニュアンスを含んでいたりするので，その懸念を「無駄な心配」と O. N. は否定的に表現している．また B. U. の発言にある「それって宗教でしょ」という反応は，ヴィーガニズムが合理性を欠いた思想として捉えられていることを示したものである．

　また，より強い否定的反応として，ヴィーガンはノン・ヴィーガンから批判や中傷を受けることもある．とくに匿名性が担保される SNS で情報を発信するときには，批判や中傷をより受けやすくなる．

　I. M.：ヴィーガンで子育てしていきたいなって思ったんですね．それを Twitter で発信したときに，もうめちゃくちゃ叩かれたんですよ．もう虐待だと，信じられないみたいな，虐待親は消えろみたいなの，初めてですね．袋叩きにあってめちゃくちゃ怖くて，何なのこの人たち，みたいな．いわゆるアンチヴィーガンたちに，何かヴィーガンで子育てをするのは虐待だと，何か，スクショで晒されてしまって．（2021 年 3 月 9 日）

　B. U.：だいぶ減ってきたと思いますけど，昔は（SNS での中傷が）すごかったですけどね．ほんとに減りましたね，Twitter もそうだし．昔はいちいち売られた喧嘩を買っていて疲弊していたんですけど，いまはスルーで，しつこい人はブロックしたり．エネルギーを奪われるだけなので，やめましたね．定番の質問は，植物だって生きているだとか．あとは，だから，感謝していただくんだよとか．あー，はじまったよと．それは同僚にも言われたんですけど，だから感謝して食べるんだよと，はいはいと．感謝という言葉で自分の罪悪感を消し去ろうとしているわけですよね．（2021 年 2 月 15 日）

　SNS などのオンラインに限らず，オフラインの関係においても，疑問や批判，中傷という否定的な反応を受けることが一般的である．それゆえ，

ヴィーガンは自身がヴィーガンであることを開示しにくく感じたり，ノン・ヴィーガンとの関係を形成・維持しにくいと感じたりしている．その結果，ヴィーガンとの関係を重視し，ヴィーガンのコミュニティにおいて自分が存在する意義を見出そうとするのである．

(2)　ヴィーガン同士もしくは準ヴィーガンとの相互作用：モラル・ヒエラルキーと水平的敵対心

　ここでは，ヴィーガン同士もしくはベジタリアンなどのヴィーガンに準じたライフスタイルを採用している準ヴィーガンとの間の相互作用の性質について議論していこう．既存研究で指摘されているように，ヴィーガンと準ヴィーガンは，ノン・ヴィーガンと比べると，両者は類似したダイエット・スタイルではあるが，当事者の観点では，何を摂取するかは非常に重要な要素であるがゆえに，それぞれ異なるアイデンティティとして認識されている．また，これらのダイエット・スタイルでは，動物性食品を排除することが重視されるので，この点においてもっとも厳格であるヴィーガンがモラル・ヒエラルキーの頂点に位置していると認識されている．さらには，ヴィーガンは，厳格ではないダイエット・スタイルをとる準ヴィーガンに対して，水平的敵対心をもつことがある．このような他のヴィーガンからの反応も意識して，ヴィーガンや準ヴィーガンはコミュニケーションの戦略を選択している．

①相互監視

　ヴィーガンまたは準ヴィーガンから構成されるコミュニティでは，精神的な支援や情報といった資源を受けることができる一方で，互いに行動を観察し評価するということも見られる．すなわち，ヴィーガンを厳格に取り組んでいる者には賞賛が与えられ，逆に，たとえば，ヴィーガンと自己定義しながらも，ヴィーガンの理念に反する行動や発言をしている者は批判の対象となる．このような者は，ヴィーガンの価値を損なう存在であるので，厳しい批判が向けられるのである．

ヴィーガンのコミュニティにおける相互監視について，I. M. や O. N. は次のように述べている．

　I. M.：ヴィーガンを名乗ってるからといっても，もう絶対，蜂蜜，絶対駄目よねっていう人も，そうじゃない人もいると思います．蜂蜜入ってるものを食べて，あ，これ蜂蜜入ってたわっていう（あまり厳格ではない）方も，中にはいらっしゃるみたいですし．何か Facebook のグループとかで見てると，もう恐ろしい人，恐ろしい人っていうか，もうちょっとでも食べたら，もうお前はヴィーガンじゃないから出て行けみたいな．そういう方もいらっしゃるから．それを言うなら私まだ（動物性食品が入った）調味料を使ってるから，ヴィーガン名乗っちゃ駄目なんじゃんって心の中では思ってました．（2021 年 3 月 9 日）

　O. N.：（ヴィーガンの中にも）もう 0 か 1 かっていう人ももちろんいれば，私みたいにちょっとグレーゾーンを作ってる人もいたりとかして，一番怖いのはそのゼロイチの人がグレーゾーンを作ってる人とかに攻撃をしちゃったりすると，今後ヴィーガンに興味を持ってちょっとやってみようかなとかって思ってる人が躊躇しちゃうっていうのが，一番駄目な行動だと思ってるので．（2021 年 3 月 4 日）

　L. B.：私もほとんどヴィーガンの生活をしてるんですけど，正直ヴィーガンっていうのをためらうシーンがすごくあって．ヴィーガンとは言えないんですね，やっぱり．時々あの……外食するときベジタリアンだったりもしますし，年に数回はお魚を食べるので，全然ヴィーガンじゃないんですね．だからヴィーガンって言ったらヴィーガンの人に怒られそうだなとかって思って．（2022 年 6 月 6 日）

　I. M. が指摘しているような，他のヴィーガンの実践の甘さを指摘する者は，「ヴィーガン警察」などと表現されている．O. N. が述べているように，

このような監視の目は，ヴィーガニズムが正しく実践されることに貢献するという機能をもつけれども，その半面で，ヴィーガンを目指しているものの完全に実践できていない者や，ヴィーガンに準じたダイエット・スタイルを採用している者にとっては，ヴィーガンのコミュニティに深く関わることをためらわせる要因にもなる．また，L. B. のように実際はほぼヴィーガンの生活をしているものであっても，まれに動物性食品をとることがある場合には，他のヴィーガンからの批判を懸念して，ヴィーガンと名乗ることを避けようとすることもある．このように，ノン・ヴィーガンからの否定的な反応だけでなく，厳格なヴィーガンからの批判も意識するため，ヴィーガンを名乗ることを避ける者も少なくないのである．

②水平的敵対心

　ヴィーガニズムは，動物の生死の問題を扱っているため，少量であれば動物性食品を摂取してもよい，という発想を容認しにくい．それゆえ，動物性食品の摂取を削減しようとする準ヴィーガンに対しても，批判的な態度がとられることになる．たとえば，日本のメディアでは，厳格ではないが，動物性食品を摂らないようにするダイエット・スタイルを「ゆるヴィーガン」として表現することがあるが，この言葉は厳格さを目指すヴィーガンと相反するものでもあるため，批判の対象になりやすい．この点に関して，O. N. やT. W. は次のように述べている．

　　O. N.：実際最初は気になってました．ヴィーガンってやっぱりゼロを目指してるので，ゆるヴィーガンて，何なの，ペスカなのオヴォなのみたいな，なんかイラッとした気持ちはあったんですけど…（中略）…やっぱヴィーガンって言葉を使いたいんだなと．それでちょっとでも消費が減るんだったら，もう別にありじゃないっていうふうに思ってますね．もうむしろ使ってくれよみたいな，広めてくれよって思いますね．（2021 年 3 月 4 日）

T. W.：やっぱり，完璧じゃないとヴィーガンじゃない，という考え方
があって．私もちょっと「ゆるいヴィーガン」という（表現を使う）と，
それはすごい Twitter で炎上する，みたいな．ヴィーガンという言葉に
厳格だという意味が含まれているという感じで，それはナンセンスだと
いう感じにとられて，Twitter とかだと怒られるんですね，そういう厳
格な人たちから．なので，完璧にできないからやめます，という人が増
えるんですけど．それもすごい残念だと思っていて，私もなんか，
ヴィーガンと名乗ったり，そういう生活をする人が増えた方が，認知度
が高まって，みんなやろうと思う人が増えるから，そっちのほうがいい
と思うのですが．なかなか厳しい人にとっては，正しいヴィーガンが広
まってほしいというのがあるので．（2020 年 9 月 28 日）

　T. W. が指摘しているように，ヴィーガンに対する正しい理解や実践を促
す試みは重要であるけれども，ヴィーガンを厳格に実践できていない人たち
がコミュニティから距離を置いたり，ヴィーガンに関する情報を発信するこ
とをためらったりする要因になる．おそらく，厳格なヴィーガンよりも，
「ゆるヴィーガン」に分類される層のほうが人数としては今後は増えていき
やすいだろう．このようなダイエット・スタイルを採用する人が増えること
によって，ヴィーガン関連の市場が拡大し，動物の搾取も全体としては減少
すると思われる．しかし，「ゆるヴィーガン」のような取り組みは，必ずし
もヴィーガンのコミュニティでは肯定的に評価されていない．この点に，
ヴィーガンやそれに準じた消費のスタイルが普及するうえでの課題がある．

⑶　ヴィーガンのコミュニケーションの戦略

　他の倫理的消費と同様に，ヴィーガニズムが普及するためには，ヴィーガ
ンからノン・ヴィーガンに対して，行動変容を促しうるポジティブな影響を
与えることが重要である．ヴィーガンは周囲の家族や知人だけでなく，SNS
を通じて面識のない他者に対してもヴィーガニズムに関する情報を発信して
いる．そもそも周囲に対してヴィーガンであることを開示していない者も多

くいるため，SNS を通じたコミュニケーションが主な発信の方法になっていると思われる．

ヴィーガンがノン・ヴィーガンに対してコミュニケーションをとる際に考慮しているのは主に次のような点である．①ヴィーガニズムに対する正しい理解を促すこと，②動物の搾取が減るように影響を与えること，③ヴィーガンに対するポジティブな印象を形成すること（ネガティブな印象を与えることを避けること），④情報の受け手との関係を良好に保つこと，⑤他のヴィーガンからの評価，などである．これらの要素のうち，何を重視するかはヴィーガンによって異なり，それによって，コミュニケーションの戦略にも差が生じると考えられる．

ヴィーガンが採用するコミュニケーションの大まかな戦略として，①情報の受け手であるノン・ヴィーガンを批判する内容のメッセージを送るか，価値中立的にヴィーガンに関連する情報のみを送るかどうか，②搾取の対象となる動物の惨状を伝えるネガティブな印象の強いものにするか，ヴィーガン料理の紹介のように，楽しさなどを強調したポジティブな内容にするか，といった点が挙げられる．ヴィーガニズムの理念を直接的に伝えようとするならば，動物の惨状について，批判的な性質の強いメッセージを送ろうとするだろう．ノン・ヴィーガンが抵抗なく情報を受け取ることを重視すれば，健康などのヴィーガンになることのメリットを強調したりするだろう．これらの点以外にも，他のヴィーガンからの反応に対する意識もコミュニケーションの戦略に影響を及ぼしている．

以下，ノン・ヴィーガンに対して，ヴィーガンがどのような意図をもってコミュニケーションをとっているかを見ていくことにしよう．たとえば，O. I. や U. L.，B. O. は，ノン・ヴィーガンとのコミュニケーションを繰り返すなかで，メッセージの内容を批判的なものから宥和的なものへと変化させていったことを指摘している．

O. I.：とくに最初のころはかなり，ヴィーガンの人，どの人もそうなんですけど，正義の人みたいになってしまうんですよ．動物が殺されてい

る映像を Twitter に出したりとか，SNS に載せたりとか．家族にそれを見せて，何で食べているのとか，強要してしまう．ショッキングな映像なので，何で周りは知らないんだ，俺が伝えなきゃみたいな気持ちになって．そうすると，やっぱり友達が離れていってしまいましたね．……なので，すごくいま思うのは，最初はどんどん無理やり情報を与えて，追い込むみたいなやり方をしていたんだな，と．相手のタイミングで，適切な情報を出せる，みたいなのが重要なのかな．……相手が興味を持ったときに，はじめて開示する，というアプローチの方がいいんだろうなと．ひたすら待つというんですかね．（2020 年 9 月 27 日）

U. L.：自分の我見でですね，つまり，考えを押し付けるとか，上から目線とか，そういうのでは人は聞いてくれないですよね，そういうことを学びましたね．「我見」ていう言葉は，自分の見方，考え方とか，そういう意味です．……人を見て話すようにはなりましたけども，とりあえず自分が変わろうと，ライフスタイルを変えようと．それをみて興味を持ってもらったら話そうかなという感じになりましたね．（2021 年 4 月 16 日）

B. O.：押し付ける感じは，押し付ければ押し付けるほど逃げられるから，ただ何も言わずに発信し続けるほうがいいのかなとか．わからせようとしないほうがいいのかなと．とにかく発信し続けるしかないですよ．その人のタイミングでしか変わらないので．わからせようと思って変えられたら苦労しないので．その人に任せるしかないから．とにかく発信し続けて響く人に届けばいいかなと思って，発信し続ける．……昔は，わかってほしいというのが強かったから，そういう押し付けるスタンスになっていたと思うけど．（2021 年 3 月 2 日）

なお，B. O. はインタビュー後日での筆者との電子メールのやり取りの中でも，次のように変化のプロセスを記述している．

B. O.：（ヴィーガンに転向した当初は）真実を知ろうともしない，または知ってて食べ続ける人々に対して，怒りや軽蔑を感じるようになり，心を閉ざしがちになります．SNSへの投稿も攻撃的な感じになります．……私の場合は，そのような絶望に浸っていてもいいことはひとつもない，と気づいたのです．……なので，SNSで真実を発信する時も，できるだけ淡々と感情を抑えてするようになり……そしてまた少し経つと，非ヴィーガンの人に対する諦めのような気持ちが芽生えました．（2021年5月12日）

　ヴィーガンに転向した当初は，動物の権利を取り巻く問題に強く衝撃を受けたばかりであったり，ヴィーガンという新たなアイデンティティを獲得する初期の段階にあったりするため，周囲に対しても批判の要素が強いメッセージを伝える傾向にあるのだろう．それゆえ，既存研究でも指摘されているように（Markowski and Roxburgh, 2019），ヴィーガンの主張が「押し付け」に感じられ，それに対する反発を招くのだと思われる．

　もちろんヴィーガン全般がこのような戦略の転換を経験するわけではない．ノン・ヴィーガンから反発を受けたとしても，コミュニケーションの戦略を変えず，批判的なメッセージを発信し続ける者も少なからず存在する．ヴィーガンに関する正しい理解を促すか，もしくは，ヴィーガンに対する否定的な印象の形成を回避しようとするかなど，どの点を重視するかによって，コミュニケーションの戦略は異なる．たとえば，T. W. は，SNSなどでは，動物倫理の問題を強調するのではなく，ヴィーガン料理などを紹介し，ポジティブな面を強調するように心がけているという．

T. W.：私がヴィーガン料理に出会ったときにすごい面白さを感じて，それが好きで，それを知ってほしいというのがあるんですが，やっぱり動物とか，倫理面を，料理の話と倫理とか動物の話を一緒にしてしまうと，ちょっと抵抗ある人も多いというのと，動物性じゃなくても，植物性のものがおいしいというのを知ってもらうだけと，それがきっかけに

なって, いろいろ知ってもらえればいいなあと思って, わたしはあえて食べ物だけに絞っているんですけど. そこも怒られるポイントなんですけど. あいつは食事のことしか言わない, みたいな.（2020年9月28日）

T. W. は, 動物倫理の問題を強く訴えたメッセージを送ることでノン・ヴィーガンが心理的な抵抗を感じることを懸念するため, より宥和的なメッセージを伝えるという方針をとっている. また, T. W. が「そこも怒られるポイントなんです」と述べているように, 他のヴィーガンからの反応も意識している点には注目すべきである. 第4節(2)でも引用したように, T. W. は「ゆるヴィーガン」のようなダイエット・スタイルについても肯定的に捉えたメッセージをSNSなどで発信したときにも, 他のヴィーガンからの批判を経験している. ヴィーガンに関する情報を発信する際には, ノン・ヴィーガンがどのようにその情報を受け止めるかだけでなく, 他のヴィーガンからどのように見られるかということも考慮の対象に含まれる. それゆえ. 他のヴィーガンからの評価を重視する場合には, 宥和的なメッセージを発信することがためらわれることが推測されるのである.

5. 要約と結論

本章では, 倫理的消費の中でもヴィーガンを研究対象として, ヴィーガンとノン・ヴィーガン, または, ヴィーガン同士や準ヴィーガンとの間の相互作用のなかで, ヴィーガンがどのように倫理的消費を促すためのコミュニケーションの戦略を策定しているかについて明らかにしてきた.

コミュニケーションの戦略は, ごく大まかには, 受け手であるノン・ヴィーガンに対して批判的なメッセージを送るか, 宥和的なメッセージを送るかという選択である. ヴィーガニズムの理念に厳格であろうとしたり, また, 他のヴィーガンからの反応を懸念したりするときには, 批判的なメッセージを選択しやすくなる. ヴィーガン・コミュニティで見られる相互監視や水平的敵対心に対する意識が, ヴィーガニズムの理念の厳格さを緩めた主

張をしにくくさせている．逆に，ノン・ヴィーガンからの敵対的な反応を懸念したり，ヴィーガンに準じたダイエット・スタイルが普及し，全体として動物の犠牲が減ることを重視したりするのであれば，宥和的なメッセージを選択することになる．

　本章では，どのようにしてヴィーガンがコミュニケーションの戦略を策定しているかを明らかにしたけれども，どのようなコミュニケーションがヴィーガンを普及させるか，または，動物の犠牲を減らすことに貢献するかについては検討することはできていない．インタビュー対象者であるヴィーガンの多くが，動物の惨状を伝えるドキュメンタリーなどを見て，ヴィーガンに転向したことを踏まえると，批判的な性質の強いメッセージはヴィーガンを増やすことに寄与していると考えられる．しかしその一方で，ヴィーガンの主張に共感できなかったり，食生活を変えることが難しいと考えたりする者にとっては，批判的な主張に対して反感を覚え，ヴィーガンそのものに興味を示さなくなることは十分に考えられる．ヴィーガンもしくはヴィーガンに準じたダイエット・スタイルが広く普及するためには，動物の権利の問題などにそれほど強い関心を持たない層に対しても，影響を与え，行動を変容させる必要があるだろう．そのためには，宥和的なメッセージが効果的なのではないかと思われる．批判的なメッセージにも宥和的なメッセージにもそれぞれ異なる機能があるので，厳格なヴィーガンが他の宥和的なメッセージの発信者を批判する，ということは望ましいことではない．動物の犠牲を減らすこと，また，地球環境への負荷を減らすことを目的とするならば，ヴィーガンや準ヴィーガンのコミュニティとして効果的なコミュニケーションの在り方を探求することが求められるのである．

注

1　The Vegan Societyによる定義（https://www.vegansociety.com/go-vegan/definition-veganism，2023 年 9 月 1 日閲覧）.

2　肉類や魚介類は食べないが，乳製品と植物性食品を摂取するラクト・ベジタリアン（lacto-vegetarian），肉類・魚介類・乳製品は食べないが，卵と植物性食品を摂取するベジタリアンはオヴォ・ベジタリアン（ovo-vegetarian）と呼ばれる．また，肉類は食べないが魚介類は摂取する者をペスカタリアン（pescatarian）と呼ぶ.

3　カッコ内は筆者注。以下引用部につき同様。

参考文献

Bigo, D., Diez, T., Fanoulis, E., Rosamond, B., and Stivachtis, Y. A. (Eds.). (2021). *The Routledge handbook of vegan studies*. Routledge.

Carrington, M. J., Neville, B. A., and Whitwell, G. J. (2014). Lost in translation: Exploring the ethical consumer intention–behavior gap. *Journal of Business Research, 67*, 2759-2767.

Edwards, S. (2013). Living in a minority food culture: A phenomenological investigation of being vegetarian / vegan. *Phenomenology & Practice, 7* (1), 111-125.

古瀬公博（2011）.『贈与と売買の混在する交換：中小企業 M & A における経営者の葛藤とその解消プロセス』白桃書房.

古瀬公博（2015）.「集合財としての市場秩序：古物・骨董の業者間市場のフィールド・リサーチ」『武蔵大学論集』*62*（2・3・4），67-75.

Greenebaum, J. B. (2012). Managing impressions: 'Face-saving' strategies of vegetarians and vegans. *Humanity and Society, 36*, 309–325.

Janssen, M., Busch, C., Rödiger, M., and Hamm, U. (2016). Motives of consumers following a vegan diet and their attitudes towards animal agriculture. *Appetite, 105*, 643-651.

Johnstone, L., and Lindh, C. (2018). The sustainability – age dilemma: A theory of (un) planned behavior via influencers. *Journal of Consumer Behavior, 17* (1), e127-e139.

Komorowska, J. (2021). Pythagoras, Plutarch, Porphyry, and the ancient defense of the vegetarian choice. In D. Bigo, T, Diez, E. Fanoulis, B. Rosamond, and Y. A. Stivachits, *The Routledge handbook of vegan studies* (pp. 15-26). Routledge.

Lea, E. J., Crawford, D., and Worsley, A. (2006). Consumers' readiness to eat a plant-based diet. *European Journal of Clinical Nutrition, 60* (3), 342-351.

Lowell, J. (2012). Managers and moral dissonance: Self justification as a big threat to ethical management? *Journal of Business Ethics, 105* (1), 17-25.

MacInnis, C. C., and Hodson, G. (2021). Tensions within and between vegans and

90

vegetarians: Meat-free motivations matter. *Appetite, 164,* 105246.

Markowski, K. L., and Roxburgh, S. (2019). "If I became a vegan, my family and friends would hate me" Anticipating vegan stigma as a barrier to plant-based diets. *Appetite, 135,* 1-9.

McDonald, B. (2000). 'Once you know something, you can't not know it:' an empirical look at becoming vegan. *Society and Animals,* 8, 1-23.

Nilsson, A. (2019). *Vegans: From radical hippies to inspiring celebrities?* Master's thesis. Swedish University of Agricultural Sciences.

沼上幹（1999）.『液晶ディスプレイの技術革新史：行為連鎖システムとしての技術』白桃書房.

沼上幹（2000）.『行為の経営学：経営学における意図せざる結果の探究』白桃書房.

Rosenfeld, D. L., Rothgerber, H., and Tomiyama, A. J. (2020). Mostly vegetarian, but flexible about it: Investigating how meat-reducers express social identity around their diets. *Social Psychological and Personality Science, 11* (3), 406-415.

Rothgerber, H. (2014). Horizontal hostility among non-meat eaters. *PloS One, 9* (5), e96457.

Telfer, E. (1996). *Food for thought: Philosophy and food.* Routledge.

White, J. B., & Langer, E. J. (1999). Horizontal hostility; Relations between similar minority groups. *Journal of Social Issues, 55* (3), 537-559.

第**5**章

組織の〈重さ〉
全 7 回の調査からの知見[1]

渡辺　周

1. はじめに

　本章の目的は，組織の〈重さ〉調査から得られた知見を再確認することにある．同調査では，日本のいわゆる大手企業を対象に，大規模な質問票調査を行ってきた．2003 年度に 21 世紀 COE プログラム「知識・企業・イノベーションのダイナミクス」（拠点リーダー：伊丹敬之）の中核的なプロジェクトの 1 つとして開始され，2008 年度からはグローバル COE プログラム「日本企業のイノベーション—実証的経営学の教育研究拠点—」（拠点リーダー：沼上幹），2013 年度からは科学研究費「日本企業の組織データベース：組織の〈重さ〉を中心として」（研究代表者：加藤俊彦）の下で，全 7 回の調査が実施されている．その成果としては，沼上らによって，2007 年 8 月に日本経済新聞出版社より書籍が刊行され（沼上ほか，2007），その主要な知見は，学術界のみならず，一般にも広まっている．さらに，第 2 回目以降の調査結果についても，加藤ほか（2008a, 2010, 2012）や加藤（2014）などで紹介されてきた．

　本章でも，上記の書籍・論文と同様に，組織の〈重さ〉調査によって得られたデータの記述統計や相関分析の結果を報告する．既に同調査の知見は何度も紹介されてきた中，改めてその知見を再確認しようとする本稿は，それらと重なる内容も多いものの，主に次の 2 点で異なっている．第 1 に，これまでの論文が最も包括的なものであっても 2004 年度の第 1 回調査から 2012 年度の第 5 回調査までのデータを分析しているのに対して[2]，本稿は

91

2014年度の第6回調査と2016年度の第7回調査を含む全7回のデータを利用していることである．全7回のデータを分析することで，組織の〈重さ〉調査の最終的な結果報告の一端となることを本稿は企図している．

本章の第2の特徴は，全7回のデータを使った初期の分析結果のリプリケーションを志向していることである．これまでの各時点の論文において，初期の調査における主要な知見が，その後の調査においても安定的に観察されることは報告されている（加藤，2014）．本稿でも，そのように複数の調査で繰り返し観察されてきた結果が，第6回と第7回の調査を含むデータでも観察されるのかを検討する．しかし本稿ではそれだけではなく，初期の調査にもとづく研究，特に広く読まれていると思われる沼上ほか（2007）に焦点をあて，そこで示された分析結果のうち，一般的な通念と異なる分析結果や，特徴的な分析結果を，全7回のデータを使って再分析する．これにより，沼上ほか（2007）で示されている興味深い結果が，どの程度，年代やサンプルによらず一般的なものなのかを検討する[3]．

本章は次の通り構成される．まず次の第2節では，組織の〈重さ〉とはどのようなもので，どのような調査が行われたのかを紹介する．第3節では，組織の〈重さ〉と組織の成果の関係を確認し，続く第4節から第6節では，組織の〈重さ〉と組織要因との関係を分析する．最後に第7節で，本章のまとめと議論を行う．

2．組織の〈重さ〉とは：中心的な概念と調査方法

調査における中心的な概念である組織の〈重さ〉は，事業部（BU）においてミドル・マネジメントによる創発戦略の生成・実現や日常的な調整活動を阻害する組織劣化の程度と定義される（沼上ほか，2007）．具体的には，表5-1に示されている12の質問項目によって構成され，これに対する7点尺度の回答の平均値によって計算される[4]．

表 5-1　組織の〈重さ〉を構成する 12 の質問項目

項目名	質問文
1　1 人でもゴネると大変	誰か 1 人でも反対する人がいると，意思決定にかかる時間が異常に増える
2　激しい議論は子供だと思われる	激しい議論は「大人げない」と思われている
3　対立回避するヤツが出世する	正当な意見を忌憚なく言う人よりも，対立回避のための気配りをする人の方が出世する
4　機能別の利害に固執	R&D や生産，販売などの機能部門の利害に固執しているミドルが多い
5　内向きの合意形成	顧客や競争の問題よりも，BU 内の人々の合意を取り付けることに真剣な配慮をしている局面にしばしば直面する
6　メンツを重視しているだけ	ミドルが BU 内の調整を行う際に，利害対立の問題というよりも，単にメンツだけの問題を解決しているような気持ちになることがある
7　わが社のトップ層は政治的	わが社のトップ周辺には奇妙な政治力学が働いている
8　口は出すが責任はとらない	口は出すが，責任はとらない，という上司が多い
9　自分の痛みと感じない人が多い	BU が利益を上げていないことを自分の痛みとして感じられないミドルが多い
10　決断が不足している	決めるべき人が決めてくれない
11　戦略審美眼に優れたミドルが多い（R）	うちの BU には戦略の評価眼が優れたミドルが多い
12　わが社のトップは優秀（R）	わが社のトップ・マネジメントは優れた意思決定を行う能力が高い

注：(R) の付された項目は，組織の〈重さ〉変数を作成する際に逆転される．

　組織の〈重さ〉とは，事業部の活動に関するミドル層に焦点を当てた概念であるため，組織の〈重さ〉調査においては，分析単位と，調査対象者の選び方において，他の組織調査とは異なった特徴的な調査方法が採用された．分析単位とされたのは，企業単位でも，個人単位でもなく，ビジネス・ユニット（BU）である．BU とは，「市場適応に向けて実質的な相互作用を

94

行っている最小計画単位」である．事業部がその典型例であるものの，事業部制を採用していない場合であっても，上記の定義を満たす最小計画単位をBUとして調査が実施されている．

　調査においては，各BUに1通の質問票を送付するのではなく，BUにつき最低7通の組織質問票に回答を得ている．BU長1通と，そのBUの中で中核的な人材であるミドル・マネジメントが3通，ロワー・マネジメント3通である[5]．これらの回答のうち，BU長を除く6名の回答の平均をとることで，各BUの値は計算されている[6]．

　以上の方法によって行われた全7回の調査における参加企業・BUの概況は，表5-2にまとめられている．調査参加企業数は，各回十数社で，延べ107社[7]，BU数は700，質問票への回答者数は5260名を数える．分析単位であるBUに関する基礎情報として，その組織規模を確認しておくと，表に示されている通り，正規従業員数が，平均では約500人〜1000人ほど，中央値では約200人〜400人超となっている．調査回によって，またBUによって，その規模は様々であるものの，大手企業を対象とした調査でありながら，本調査のBUの平均的な規模は，過度に大きいわけではない．

表5-2　各回の調査協力者数

| 調査回 | 第1回 | 第2回 | 第3回 | 第4回 | 第5回 | 第6回 | 第7回 | 総計 |
調査年度	2004	2006	2008	2010	2012	2014	2016	（延べ数）
企業数	18	16	20	19	14	11	8	107
BU数	107	128	137	135	86	68	39	700
回答者数[1]	768	943	1007	1032	676	540	294	5260
BU規模(人)[2]　平均値	854.88	603.59	493.84	800.04	724.71	795.57	1061.58	—
標準偏差	1168.24	939.91	925.25	1876.03	904.24	1004.57	1307.39	—
中央値	421	281.5	191	293	408	428	429.5	—

注1：ここに計上されているのは，BU長，ミドル／ロワー・マネジメントの質問票に対する回答者のみである．これ以外に，各社1通の人事質問票（正式名称：調査対象BUの基本属性に関する質問調査票）と，BUにつき1通の戦略質問票（BUの戦略に関する質問調査票）が配布・回収されている．

注2：BU規模は，正規従業員数である．回答に欠損のあるBUが存在するため，第1回調査は103BU，第4回調査は124BU，第7回調査は36BUの値である．

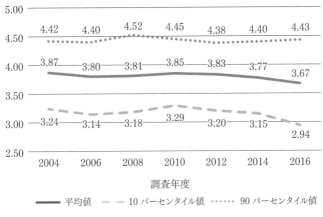

図 5-1　組織の〈重さ〉の推移

　以上の方法によって得られたデータから，調査の中心的な変数である組織
の〈重さ〉を計算した結果を示したのが，図 5-1 である．各回の平均値は，
3.8 前後となっており，各回で調査対象企業・BU の入れ替えがあるにもか
かわらず，極めて安定した値となっている．2016 年度の第 7 回調査では，
数値の若干低下傾向が見られ，調査対象に占める「軽い」BU の割合が上
がったように思われるものの，統計的に有意な差ではなく，90 パーセンタ
イル値にも変化はない．

　以下の第 3 節では，この組織の〈重さ〉が組織の成果変数とどのような
関係にあるのかを確認し，その上で第 4 節以降では逆に，組織の〈重さ〉の
要因を探っていく．

3.　組織の〈重さ〉と組織の成果

　本節では，組織の〈重さ〉が，組織の成果とどのような関係にあるのかを
確認していく．組織の成果としては，①業績と，②調整活動の大きく 2 つ
に注目をする．以下で用いるデータは，第 2 節で説明した方法により収集
された全 7 回分のデータになるが，延べ 700BU 全てのデータを用いるので

96

はなく，複数回の調査に参加した BU は最終参加時点のデータのみを用いることとする[8]．その結果として，重複を除いた 305BU のデータを用いて，記述統計と相関関係を確認していく[9]．

表5-3 には，組織の〈重さ〉と業績の相関係数が示されている．表の上2行は，当期の実績 ROS と次期の予想 ROS である．元々，業界ごとに収益性は様々であり，本調査には様々な業界の企業・BU が含まれているものの，組織の〈重さ〉と ROS には，一定程度の負の相関が見られる．それに続く5行は，成果に関する主観的な認識との相関を分析している．具体的には，主要な競合企業（業界の上位3社）と比較して，7点尺度で，品質やコスト，納期，成長性，収益性について評価をしてもらった値である．こちらでは，特に成長性や収益性において，組織の〈重さ〉との強い負の相関が見られる．組織の〈重さ〉とこれら業績の関係は，双方向であると想定されるため，この相関関係の強さを，因果関係の強さだと言うことは出来ないものの，組織の〈重さ〉とその組織の成果には関係があるとは言えるだろう．

表 5-3　組織の〈重さ〉と組織成果の相関

組織成果の指標	サンプルサイズ	組織の〈重さ〉との相関係数
実績 ROS	270	−.192**
予想 ROS	282	−.142*
対競合企業品質	268	−.234**
対競合企業コスト	268	−.390**
対競合企業納期	268	−.461**
対競合企業成長性	268	−.585**
対競合企業収益性	268	−.531**

注1：対競合企業の成果は第2回調査から測定のため，また ROS は欠損があるため，N=305 にならない
注2：*: $p<0.05$, **: $p<0.01$

組織の〈重さ〉とより直接的な関係にある組織現象は，組織内で調整にかかる労力である．組織が複数の人により構成されている以上，調整は必ず必

要であり，調整にかかる時間が存在することが即座に悪となるわけではない．しかし，組織の〈重さ〉とは，戦略の実行や組織内の調整活動を阻害する組織劣化の程度のことであるため，重い組織では，ミドルの調整にかける時間が過剰なまでに増えていくはずである．

　これを確認するために，調査では，①主力商品・サービスのモデルチェンジの場合と，②他の事業部との協働が必要な新規事業立ち上げの場合，③既存の製品カテゴリーの整理・撤退の場合について，それぞれ，かかる日数と，そのうち調整にかかる割合，さらに，その中でも過剰だと思う割合を聞いている．

　表 5-4 には，その記述統計と組織の〈重さ〉との相関がまとめられている．まず記述統計について確認するなら，日数の平均値は，①モデルチェンジで 466 日，②新規事業で 716 日，③撤退で 417 日となっている．また，調整に費やされる時間の割合は，それぞれ① 38%，② 45 %，③ 51% となっている．比較的ルーティン性の高い①モデルチェンジの場合でも 38% の時

表 5-4　各種調整比率の記述統計と組織の〈重さ〉等との相関

項目		平均	標準偏差	組織の〈重さ〉	①モデルチェンジ調整比率	②新規事業調整比率
①モデルチェンジ	日数（日）	466.82	222.60	.109	−.141*	
	調整比率（%）	38.02	9.45	.369**	1	
	過剰な調整比率（%）	33.65	9.36	.371**	.287**	
②新規事業	日数（日）	716.87	356.17	.045	−.093	−.112
	調整比率（%）	44.85	8.37	.278**	.738**	1
	過剰な調整比率（%）	39.66	9.01	.346**	.291**	.421**
③撤退	日数（日）	417.38	203.58	.048	.018	−.024
	調整比率（%）	50.53	9.88	.223**	.470**	.454**
	過剰な調整比率（%）	33.89	8.77	.228**	.139	.193*

注 1：過剰な調整比率は，第 4 回調査から測定を行ったので，N=174，それ以外は N=305.
注 2：*: p<0.05, **: p<0.01

98

間が調整に費やされ，③撤退の場合には半分超の時間が，実質的な内容を考え内容を詰めていく時間ではなく，調整にかかる時間となっており，調整業務の過剰さをうかがわせる．

この過剰な度合いを測定するため，第4回調査からは，調整にかかる時間のうち，当然必要だと思われる調整の割合と，仕事の性質を考慮しても過剰だと思う調整の割合を聞いている．この過剰な調整の割合は，①モデルチェンジと③撤退で34%，②新規事業では40%となっている．②新規事業は，他事業との協働が必要な新規事業について聞いたこともあり，日数としてもかなり長くなり，そこには過剰な調整が含まれていることが結果から読み取れる．

これらと，組織の〈重さ〉等との相関は，表5-4の中ほどの列にまとめられている．これを見ると，①モデルチェンジと②新規事業，③撤退のいずれにおいても，それにかかる日数と組織の〈重さ〉には，有意な関係がないことが分かる．これは，様々な活動にかかる日数は，事業の特性による影響が大きいということかと思われる[10]．

しかし，調整比率と，過剰な調整比率においては，逆に，①と②，③のいずれにおいても，組織の〈重さ〉と1%水準で有意な負の相関が観察される．つまり，重い組織では，新規事業を立ち上げるにしても，既存製品・サービスをモデルチェンジするにしても，撤退するにしても，かかる時間のうち調整にかかる割合が大きく，かつ，その調整のうち当事者が過剰だと感じている割合も大きいということになる．

以上の知見をまとめるならば，組織の〈重さ〉と各種日数には関係が見られないものの，組織の〈重さ〉と各種の調整比率と，それが過剰な割合には，正の関係が確認される，ということになる．

なお，これら各種の調整比率の間には，一定の相関が見られる．表5-4の右2列に示す通り，①モデルチェンジと②新規事業の調整比率は0.74とかなり強い相関で，①モデルチェンジと③撤退は0.47，②新規事業と③撤退は0.45と相対的には弱い相関である．このことからは，撤退は他2つとは相対的に異なった調整が要求される意思決定であり，逆に①と②は類似し

たものだと言えるだろう．そのため，ここでは①と②の調整比率を平均した「新規活動の調整比率」という変数を作成して[11]，以下の分析でも用いていくこととする[12]．

4.　事前の調整手段と組織の〈重さ〉

　本節以降の 3 つの節では，組織の様々な特徴との関係について検討を行う．以下では，調整を，事前の調整と事後的な調整に分け，本節では前者に該当する計画や標準化などを，次の第 5 節では後者に該当するヒエラルキーを検討する．その上で，第 6 節ではヒエラルキーのもう 1 つの側面であるパワーについて分析を行う．分析において特に注目をするのは，これらと本研究の中心的な概念である組織の〈重さ〉との関係であるが，それだけでなく，第 3 節で確認した新規活動の調整比率や，撤退の調整比率との関係も確認していく．

⑴　計画と組織の〈重さ〉

　本節では，事前の調整手段である計画や標準化，組織文化について分析していく．これらの変数の記述統計と組織の〈重さ〉等との相関は，表 5-5 にまとめられている．

　表 5-5 の中でも本項で注目をするのは，上 3 行に示されているフォーマルな計画をどの程度参照したのかに関する回答である[13]．まずこれらの平均値を見ると，全社計画はそこまでではないものの，職能計画参照度の平均は 5.53，BU 計画参照度の平均は 5.77 とかなり高い値になっており，かなり計画にもとづいて仕事が進められていることが分かる．もちろん，ここで利用しているデータは調査に協力を行った企業におけるコア人材の回答であるから過度な一般化には慎重でなければならない．しかし組織における計画というのは，実態に即さず作成されるため，参照されないか，参照されたとしてもそれとは異なった動きをするものだという見方があることを踏まえれば（坪山，2011），ここまで高い値になるのは興味深い結果であると思われる．

表5-5　計画・標準化・組織文化と組織の〈重さ〉等との相関

項目名	平均	標準偏差	組織の〈重さ〉	新規活動調整比率	撤退調整比率
全社計画参照度	5.04	0.59	−.213**	−.052	−.108
職能計画参照度	5.53	0.53	−.208**	−.149**	−.103
BU 計画参照度	5.77	0.51	−.302**	−.127*	−.048
計画ブレイクダウン	4.51	0.78	−.354**	−.115*	−.113*
計画達成と昇進とのリンク強度	4.40	0.72	−.429**	−.213**	−.142*
計画作成への参加可能性	5.69	0.57	−.367**	−.186**	−.041
手順標準化	3.75	0.72	−.098	−.026	−.054
専門用語差異	3.18	0.73	.293**	.075	.111
同じ言葉差異	2.54	0.60	.401**	.203**	.124*
作法一人前期間	7.06	0.62	.225**	.137*	.120*
建前の裏の本音	8.26	0.64	.404**	.169**	.149**

注1：専門用語差異と同じ言葉差異は，第2回調査から測定を行ったので，N=268.
　　　それ以外はN=305.
注2： *: p<0.05, **: p<0.01

　より興味深く，かつ重要な結果は，これら計画の参照度と，組織の〈重さ〉との相関である．表5-5の中ほどの列に示されている通り，計画参照度と組織の〈重さ〉は，−0.213〜−0.302程度の負の相関関係にある．第1回の調査データを分析した沼上ほか（2007）においては，職能計画の参照度は有意な関係になかったものの[14]，全7回のデータを分析してみれば，比較的小さい相関ではあるものの，しかし1％水準で有意な負の関係が見られる．つまり，3つの計画いずれについても，仕事をする際に計画が参照されているほど，組織の〈重さ〉は低い，という傾向が見られるのである．

　ただし，計画参照度と新規活動の調整比率の関係を分析した場合，直接的に有意な関係が見られるのは特定の計画のみである．具体的には，第1回調査と同じく，全社計画参照度は10％水準でも有意ではなく，職能計画参照度が1％水準で有意な負の相関を持つのである．これは，やや意外な結果であると思われる．それは，新規活動の調整比率には，新規事業の立ち上

げの中でも特に他の BU との協働が必要な場合を想定した質問が含まれているからである．実際には，他の BU と協働する場合における調整は，同じ職能同士で行われ，それゆえに，全社レベルの計画よりも，開発ロードマップやコストダウン計画といった職能分野に関する計画が調整活動を容易にするのかもしれない．これらの知見の意義については，第 7 節で改めて議論を行う．

⑵　アウトプットコントロール（計画と個々人の結びつき）と組織の〈重さ〉

　表5-5 の 4 行目以降には，計画に関して，それが働いている個々人とどのように関係しているのかを示す 3 つの変数が並んでいる．この 3 つの変数は，いずれも組織の〈重さ〉と比較的強い負の相関関係にある．つまり，予算や計画から各人に具体的な目標が明確にブレイクダウンされているほど，また，予算や業績目標の達成と昇進・昇給が明確に結びついているほど，自身の目標を決める際に参加する余地が大きいほど，組織の〈重さ〉は軽いということである．

　さらに，これら 3 変数は全て新規活動の調整比率とも有意な関係にあり，計画作成への参加可能性を除く 2 変数は撤退の調整比率とも有意な関係にある．以上のことからは，計画が個々人の業務に明確に落とし込まれ，また個々人の評価と明確に結びついていることで，計画が個々人を拘束しているほど，組織の〈重さ〉は軽く，調整にかかる割合も小さいといえる．

⑶　インプットコントロール（手順の標準化・文化による標準化）と組織の〈重さ〉

　最後に表5-5 の下 5 行について確認を行う．ここでは，手順の標準化は有意ではないものの，他の 4 つの変数は，組織の〈重さ〉と有意な正の相関が見られる．特に「同じ言葉差異」と「建前の裏の本音」は，それぞれ0.4 を超える強い相関関係にあり，これら 2 変数は，組織の〈重さ〉だけでなく，新規活動の調整比率や撤退の調整比率とも直接的に有意な関係にある．

前者の「同じ言葉差異」は，同じ BU 内でも他の職能分野の人と話をする際に，同じ言葉でも違う意味で使われていることがあるかを聞いた値であり，後者の「建前の裏の本音」は，社内のフォーマルな会議の場でやりとりされる建前の議論から背後のホンネを推測出来るようになるのに必要な期間を聞いた値である[15]．それゆえ，組織の〈重さ〉を低減する上でも，調整にかかる時間の割合を減らす上でも，様々な職能で共有された言語を持つこと，外部者には分かりづらい独特の話法を排することが重要だと言えるであろう．

5. 組織における情報の流れと組織の〈重さ〉

前節では，計画や組織文化による標準化を中心とする事前の調整手段に注目した．これに対して本節では，事後的な調整手段であるヒエラルキーを通じた組織内の情報の流れに注目して組織の〈重さ〉等との関係を分析していく．

このために収集された変数の記述統計と組織の〈重さ〉等との相関係数をまとめたのが表5-6である．これらの変数は，大まかには2つに分けることが出来る．1つは，どれだけ情報を得ているのかに関する変数である．①の BU 長が現場の問題をどれだけ把握しているか，③全社戦略，もしくは⑤ BU 戦略，⑨他の職能に関する情報を回答者がどれだけ把握しているか，というのがそれに該当する．もう1つは，これらの情報を，公式のルートではなく，非公式のルートで把握した割合はどれくらいか，というものである．これらの変数が②と④，⑥，⑩である[16]．

表5-6の中ほどの列に示されている組織の〈重さ〉との相関からは，次の2つの知見が得られる．第1に，把握比率については，①と③，⑤，⑨の4つの変数全てが負で有意である．つまり，軽い組織では，戦略や他の職能，現場の悪いニュースなど様々な情報がよく伝わっている傾向が見られる．

第2に，非公式比率については，②と④，⑥，⑩の4つの変数全てが正

で有意となっている．つまり，インフォーマルに情報を入手している程度が高いほど，組織の〈重さ〉は重い傾向にあるのである．この点は，組織の〈重さ〉調査が明らかにした中でも特に重要な知見の 1 つではないかと思われる．すなわち，公式のヒエラルキーが充分に機能しておらず，必要な情報が不足しているミドルは，自身の持っているネットワークを用いて，自発的に情報を集めようとするであろう．しかし本分析結果からは，「努力を傾けるべきことは，戦略に関するフォーマルな情報流を増やすための改革であって，フォーマルな情報ルートが機能不全を起こしている状況をインフォーマルに補完することではない」（沼上ほか，2007，p.99）という示唆が得られるからである．

　この点をより明確に確認するために作成されたのが表 5-7 である．この表では，先ほどの変数を掛け合わせて，情報を公式に把握した度合いと，非公式に把握した度合いを求めている．例えば，表 5-6 で示されていた① BU

表 5-6　組織の情報流の記述統計と組織の〈重さ〉等との相関

項目名	平均値	標準偏差	組織の〈重さ〉	新規活動調整比率	撤退調整比率
① BU 長問題把握比率	71.59	10.35	− .322**	− .145*	− .151**
② BU 長非公式問題比率	30.62	9.14	.144*	.047	.059
③ 全社戦略把握比率	59.52	10.16	− .306**	− .166**	− .157**
④ 全社戦略非公式把握比率	30.95	8.32	.146*	.118*	.051
⑤ BU 戦略把握比率	74.19	9.12	− .416**	− .196**	− .140*
⑥ BU 戦略非公式把握比率	28.43	8.99	.250**	.144*	.121*
⑦ BU 戦略発信到達比率	51.12	14.17	− .403**	− .175**	− .205**
⑧ BU 戦略受信度比率	57.70	9.60	− .291**	− .078	− .039
⑨ 職能情報把握比率	61.98	8.44	− .279**	− .139*	− .081
⑩ 職能情報非公式把握比率	33.89	9.06	.211**	− .021	.022
⑪ 職能情報発信到達比率	57.01	8.01	− .220**	− .145*	− .016

注 1：職能情報に関する 3 変数は，第 2 回調査から測定を行ったので，N=268．
　　　それ以外は N=305．
注 2：*: p<0.05, **: p<0.01

表 5-7　公式・非公式の把握度の記述統計と組織の〈重さ〉等との相関

項目名		平均値	標準偏差	組織の〈重さ〉	新規活動調整比率	撤退調整比率
①×②	BU 長問題非公式把握度	21.75	7.07	.001	−.025	−.007
①×（1-②）	BU 長問題公式把握度	49.84	10.82	−.308**	−.122*	−.140*
③×④	全社戦略非公式把握度	18.25	5.30	−.041	.006	−.044
③×（1-④）	全社戦略公式把握度	41.27	9.57	−.302**	−.179**	−.143*
⑤×⑥	BU 戦略非公式把握度	20.85	6.54	.094	.070	.079
⑤×（1-⑥）	BU 戦略公式把握度	53.34	10.79	−.409**	−.208**	−.166**
⑨×⑩	職能情報非公式把握度	20.89	5.99	.073	−.065	.004
⑨×（1-⑩）	職能情報公式把握度	41.09	8.81	−.317**	−.089	−.081

注 1：職能情報に関する 3 変数は，第 2 回調査から測定を行ったので，N=268
　　　それ以外は N=305
注 2：*: $p<0.05$, **: $p<0.01$

長が現場の問題を把握している比率と，②そのうち非公式に把握した比率の2 変数を掛け合わせて，BU 長が問題を非公式に把握した度合い（BU 長問題非公式把握度）や，逆に，① BU 長が現場の問題を把握している比率と，そのうち「公式に」把握した比率（1 から非公式に把握した比率を引く）を掛け合わせて，BU 長が問題を「公式に」把握した度合い（BU 長問題公式把握度）の変数を作成した．

　この表 5-7 の中ほどの列に示されている組織の〈重さ〉との相関を見れば分かる通り，情報を非公式に把握した度合いは，組織の〈重さ〉とほぼ無相関である．逆に，組織の〈重さ〉と負で有意な相関を持つのは，情報を公式に把握した度合いである．

　さらにここまで議論してきた関係は，組織の〈重さ〉だけでなく，新規活動の調整比率や撤退の調整比率においてもほぼ同等に成り立つ．やや関係性は弱くなり，職能情報については有意ではなくなるものの，情報を公式に把握しているほど，組織の〈重さ〉や調整比率は低い傾向が存在する．しかし，情報を把握したのが非公式であれば，組織の〈重さ〉や調整比率を低減させることは出来ないのである．

6. 組織内のパワー分布と組織の〈重さ〉

　本節では，ヒエラルキーのもう1つの側面であるパワーに注目した分析を行う．組織の〈重さ〉調査では，意思決定に対して誰がパワーを持っているのかについて，大きく2つの側面から測定を行っている．第1に，縦のパワー分布である．これは，ヒエラルキーのどこに，どれだけのパワーが備わっているか，というものである．第2に，横のパワー分布である．これは，どの職能部門に，どれだけのパワーが備わっているかを測ったものである．

　第1の縦のパワー分布については，これまで調査において，次の2点が明らかになっている（沼上ほか，2007；加藤ほか，2008b）．1つは，パワーの総量に注目すると，組織の〈重さ〉が軽い組織では，全ての階層において，強い影響力が見られることである[17]．もう1つは，相対的なパワーに注目すると，重い組織では，組織の階層が下がるにつれて，パワーが急激に低下することである．この点は，全7回調査のデータを用いて分析を行ったとしても，同様の結果が得られる．ただし，上述の通り，既に繰り返し報告されているため，ここでは紙幅の関係上，その結果報告は行わず，以下では，横のパワー分布について検討を行う．

　横のパワー分布の計測においては，主力商品・サービスのモデルチェンジを想定し，その基本コンセプト決定において，営業・研究開発・製造・調達・経理・人事・法務といった職能部門が，それぞれどの程度のパワーを持っているのかを聞いている．本稿では，特定の職能部門が強かったり，逆に弱かったりすることが，組織において過剰な調整負荷を生み出す可能性を検討するため，各部門のパワーを，パワーの総量で割ったシェアについて分析を行った．

　その結果について，以下では，これまでとは順番を変えて，調整比率との関係から確認していく．新規活動の調整比率においては，沼上ほか（2007）で，研究開発のパワーが負の相関，経理と総務・人事・労務のパワーが正の相関を持つことが報告されている．この結果にもとづき沼上ほか（2007）

では，スタッフ部門との調整，特に経理部門との調整は，比較的時間がかか
る可能性を議論している．

　同様のことを全7回のデータで再分析した結果は，表5-8の右から2列
目に示されている．新規活動の調整比率と総務・人事・労務部門パワーには
有意な関係は見られなくなっているものの，依然として研究開発部門のパ
ワーには負の相関が，経理部門のパワーには正の相関が観察されている．や
はり，モデルチェンジや新規事業では，研究開発部門が中心となって進める
のが平均的には調整比率を節約するということであろう．

　撤退における調整比率に注目すると，5％水準と先ほどよりも弱い関係で
あるものの，経理部門と営業・マーケティングで有意な関係が見られる[18]．
経理部門のパワーは，正で有意であり，先ほどと同じく，調整比率の高さと
関係があることが確認出来る．営業・マーケティングは負で有意である．既
存の製品カテゴリーの整理・撤退が必要になる事態として端的に想定され得
るのは，市場成果が思わしくないという事態であろうから，そうした事態に
最も直接的に対面している営業・マーケティング部門にパワーがあるほど，
調整が少なくて済む，というのは自然な結果だと思われる．

表5-8　部門別パワーシェアの記述統計と組織の〈重さ〉等との相関

パワーのシェア	平均値	標準偏差	組織の〈重さ〉	新規活動調整比率	撤退調整比率
営業・マーケティング	0.212	0.030	−.020	−.102	−.121*
研究開発	0.197	0.034	−.024	−.217**	−.065
製造	0.160	0.029	−.187**	−.074	.009
調達	0.124	0.024	−.159**	.014	.025
経理	0.123	0.031	.222**	.248**	.144*
総務・人事・労務	0.076	0.019	.056	.099	−.042
法務	0.111	0.022	−.044	.111	−.068

注1：研究開発影響シェアと，製造影響シェアは，N=303
　　　それ以外は N=305
注2：*: p<0.05, **: p<0.01

　最後に，組織の〈重さ〉と各部門のパワーについて確認を行う．ここで最も大きな相関を持っているのは，経理部門のパワーである．やはり，調整にかかる割合やその難しさという観点に限っていえば，経理部門に大きなパワーがあることは，それと正の関係があるということなのであろう．逆に負の相関を持っているのは，製造部門と，調達部門である．調達部門のパワーは，第 1 回調査でも負で有意な相関を持っていたが，なぜこれらの部門が組織の〈重さ〉と負の相関を示すのかは必ずしも解釈が容易ではない[19]．そのため，組織の〈重さ〉や調整比率に影響を与える他の変数と合わせて，今後の研究でメカニズムを明らかにしていく必要があると思われる．

7. まとめ

(1) 本章のまとめ

　以上の通り本章では，組織の〈重さ〉調査の全 7 回のデータをもとに，同調査から得られた知見の再確認を行ってきた．組織の〈重さ〉調査では，本稿で扱った以外にも多数の変数が収集され，既に様々な知見が得られている．例えば，組織規模やルート距離，BU 長のリーダーシップスタイルが組織の〈重さ〉に大きな影響を与えることは，既に様々な時点の調査で繰り返し観察されている（加藤，2014；佐々木ほか，2016）．また同調査のデータをもとに，組織の側面のみならず，戦略の側面に注目して，その課題を明らかにしようとした成果も発表されてきた（加藤・軽部，2009；軽部，2014）．本稿では紙幅の関係上その全てを再確認することは出来ないため，繰り返し観察されてきたそれらの関係にも一部注意を払ったものの，それよりは初期の研究において一般的な通念と異なった結果が得られている変数間の関係について，全 7 回のデータを使って再分析してきた．

　本稿で行ってきた分析の結果を改めて簡潔に記載すれば，次の通りである．

・組織の〈重さ〉の平均値は，各回で調査対象企業や BU の入れ替えがあるにもかかわらず，安定した値となっている．14 年に渡る調査であるもの

の，この間に，日本の大規模企業で組織が重くなったとか軽くなったという傾向は見られなかった．

・組織の〈重さ〉が大きいほど，つまり重たい組織ほど，成長性や収益性は低く，新規活動においても撤退においても調整にかかる割合が大きく，かつ調整に占める過剰な調整の割合が大きい．

・特定の部門のパワーの大きさは，組織の〈重さ〉や調整比率と関係がある．

・個々人が計画に拘束されているほど，組織の〈重さ〉は軽い傾向が見られる．より具体的には，軽い組織では，様々な計画が参照され，個々人に明確にブレイクダウンされており，その達成と昇進・昇給が結びついている傾向が見られる．

・BU戦略などの情報を公式に把握しているほど，組織の〈重さ〉も調整比率も低い傾向が見られる．逆に，それらの情報を非公式に把握していることは，組織の〈重さ〉とも調整比率とも関係がない．

　以上の知見をさらに大胆にまとめるならば，計画とヒエラルキーの重要性を本稿の分析結果は示していると思われる．この点について最後に次項で議論を行う．

(2)　貢献

　本研究の重要な知見の1つに，計画が個々人の業務に明確に落とし込まれ，また個々人の評価と明確に結びついているほど，組織の〈重さ〉は軽い傾向がある，という点が挙げられるであろう．一般的な印象として，計画は各人の行動を制約するというイメージがあり，その結果として，計画に縛られることで調整にかかる労力も増える，という考え方があるのではないかと思われる．しかし本稿で確認した通り，個々人が計画に拘束され，計画が参照されているほど，組織の〈重さ〉は低下する傾向がある．

　これと同等に重要な知見として，ヒエラルキーを通じた情報の流れの重要性を示した点が挙げられる．現代のように不確実性の高い状況下では，インフォーマルな横方向のコミュニケーションを活性化するのが良い，という考えを多くの人が抱いているのではないだろうか．しかし本稿で確認された通

り，調整労力と関係があるのは，戦略などの情報を非公式ではなく，公式に把握することなのである．

　以上の知見を一言でまとめれば，官僚制組織（機械的組織）の有効性・重要性を示していると言えるだろう．沼上は，教科書（沼上，2004），学術論文（沼上，2014），一般向け書籍（沼上，2003，第 1 章）など様々な媒体で，官僚制組織が，組織設計の基本モデルであることを論じてきた．それを実証的に展開したのが組織の〈重さ〉調査であり，本章で確認した通り，理論的な主張と整合的な結果が得られている．このように，理論的・実証的に，組織設計の研究を行ったことも，沼上の貢献の 1 つだと言える．

注

1　筆者は，2013 年〜2015 年はリサーチアシスタントとして，2016 年以降は科学研究費の研究分担者として，組織の〈重さ〉調査に携わってきた．そのため，調査開始当時の目的などについては，当時の資料を参照にすることで本稿は作成されている．出来る限り関係者に確認をとるようにしているが，有り得る誤りについて責任は筆者個人にある．

2　比較的最新の調査まで含む報告としては，Kato et al.（2017）が第 4 回〜第 6 回の 3 回分のデータを分析している．

3　ただし，沼上ほか（2007）と本稿の分析結果の共通点・相違点を明確にしようとするならば，その両者の結果を詳述する必要がある．これは議論が煩雑になる場合があるため，本章は上記の志向を持ちながらも，この点に関する議論を脚注に回している場合がある．

4　詳しくは，沼上ほか（2006）か，沼上ほか（2007）の第 2 章，佐々木ほか（2016）を参照のこと．

5　さらにいえば，BU 運営の中核を担うミドル・マネジメントの認識を把握するために，各社でランダムな人材に回答を依頼するのではなく，各回の調査協力企業が確定した後，各 BU の主要な職能の「コア人材」を各社の窓口担当者に選定してもらい，回答を依頼している．

6　ただし，BU を分析単位として 6 名の回答の平均値を採用するのではなく，第 6 章や佐々木（2007）では，BU 長とミドル・マネジメント，ロワー・マネジメントという 3 階層の認識の違いを分析している．

7　調査に参加して頂いた企業は，次の 43 社である（五十音順，「株式会社」は省略，企業名が変わった，もしくは合併した場合は，調査へ参加した最後の時点での企業名を

記載している）．IHI，アルパイン，アンリツ，出光興産，沖電気工業，花王，キッコーマン，京セラドキュメントソリューションズ，協和発酵キリン，キリン，コクヨ，小林製薬，サッポロホールディングス，商船三井，新日鉱ホールディングス，新日鉄住金エンジニアリング，新日本石油，住友軽金属工業，住友電気工業，住友林業，セイコーエプソン，ソニー，大日本印刷，東芝，東芝ライテック，東洋ゴム工業，トクヤマ，日東電工，日本化薬，日本通運，ノリタケカンパニーリミテド，パナソニック，日立製作所，日立造船，日立電線，富士フイルム，ブラザー工業，ベネッセコーポレーション，ミスミグループ本社，三井化学，三菱レイヨン，村田製作所，明治製菓．なお，このうち 2 社は，他社とは異なった時期に調査に回答を行ったため，分析データから除外し，上記の総計にも含まれていない．

8　複数回参加した企業において，BU の分割・統合があった場合も，同一 BU とみなし，最終調査回以外のデータは分析から除いている．

9　なお以下で示す相関係数は，全てピアソンの相関係数である．注目する変数の組み合わせによってはスピアマンの順位相関係数を用いた方が適切な分析も存在するものの，ほぼ同等の結果が得られることと，これまでの論文との一貫性の観点から，ピアソンの相関係数を用いた．

10　素朴に考えるならば，調整に労力がかかるほど，全体の日数も伸びるはずであるから，調整比率と日数には正の相関があるはずである．しかし表 5-4 の右 2 列に示されている通り，①モデルチェンジと②新規事業では，調整比率と日数の間に，むしろ負の相関がある（ただし表には示されていないが，日数と過剰な調整比率の間には，正の有意な相関がある）．このことからも，日数は，調整比率や組織の〈重さ〉よりも，事業の特徴による影響が大きそうだと言える．

11　0.846 という高いクロンバックの α が得られる．

12　なお，組織の〈重さ〉調査の狙いからすれば，調整比率よりも，過剰な調整比率に注目した方が良い，という考え方もあると思われる．しかし過剰な調整比率は第 4 回から測定を行ったため，当該変数を用いると第 1 回から第 3 回調査のデータが分析から除かれてしまう．そのため，以下では調整比率の方を用いることとした．

13　「あなたはこの BU に関連する仕事を遂行する際にフォーマルな計画（中長期の経営計画やロードマップ）をどの程度参照しますか」という問いに対して，1 点「まったく参考にしていない」から，7 点「それなしでは仕事ができない」の間で回答をしてもらっている．

14　沼上ほか（2007）は，全社計画参照度と職能計画照度は，対照的な関係にあることを指摘していた（BU 計画参照度はその中間）．具体的には，全社計画参照度は，組織の〈重さ〉と −0.360 という負の相関があるものの，新規活動の調整比率とは有意な関係になく，逆に，職能計画参照度は，組織の〈重さ〉とは有意な関係がないものの，新規活動の調整比率とは −0.289 という 1% 水準で有意な負の関係にある，というもの

である．本文中で議論している通り，本分析結果は，これとは一部の側面で異なり，一部の側面では再確認するものである．

15　後者は他の質問と異なり 10 点尺度で聞いており，平均値に最も近い 8 の選択肢は 2 〜 3 年に該当する．

16　ここで言及した以外の⑦と⑧,⑪については,沼上ほか（2007）などを参照されたい．

17　組織の〈重さ〉調査では，組織内のパワーをゼロサム（有限なパワーの奪い合い）として捉えるのではなく，組織の上から下まで皆それぞれが自身に影響力があると感じている状況が有り得ることを想定した聞き方をしている．

18　繰り返しになるが，本調査におけるパワーは，主力商品のモデルチェンジを想定した聞き方をしている．そのため，パワーの測定で想定している状況と，調整が行われる状況に齟齬があることは否めない．しかし，各部門のパワーが特定の状況のみならず，全般的に一定の傾向があると想定し，各部門のパワーと撤退における調整比率の関係も確認を行っている．

19　これらの変数が有意になったのは，他部門のパワーとの相関によるものである可能性がある．これを確認するために，組織の〈重さ〉を被説明変数にして，各部門のパワーシェアを説明変数とする回帰分析を行ったところ，回帰分析においても 3 つの変数は全て 5 ％水準で有意な関係が見られた．また，調整比率を被説明変数とした回帰分析においては，撤退の調整比率に対して，営業のパワーシェアが有意でなくなるものの，それ以外の単相関で確認された 3 つの有意な関係は，回帰分析においても観察される．

参考文献

軽部大 (2014).「日本企業の戦略思考と戦略計画プロセス」『一橋ビジネスレビュー』*62* (1)，38-57.

加藤俊彦 (2014).「組織の〈重さ〉調査の方法と概要」『一橋ビジネスレビュー』*62* (1)，20-37.

加藤俊彦・軽部大 (2009).「日本企業における事業戦略の現状と課題：質問票調査に基づくデータ分析から」『組織科学』*42* (3)，4-15.

Kato, T., Numagami, T., Fujiwara, M. and Karube, M. (2017). The functionality of hybrid organizational form. In T. Nakano (Ed.), *Japanese management in evolution: New directions, breaks, and emerging practices*, (pp. 47-69). Routledge.

加藤俊彦・沼上幹・軽部大 (2008a).「組織の〈重さ〉と組織構造：第 2 回調査の分析から」『一橋ビジネスレビュー』*55* (4)，40-57.

加藤俊彦・沼上幹・軽部大 (2008b).「組織の〈重さ〉調査の妥当性と安定性：2 回の質問票調査から」一橋大学日本企業研究センター（編）『日本企業研究のフロンティア第 4 号』(pp. 130-155). 有斐閣.

加藤俊彦・沼上幹・軽部大 (2010).「組織の〈重さ〉調査の概況と比較分析：2004・2006・2008 年度調査から」一橋大学日本企業研究センター（編）『日本企業研究のフロンティア第 6 号』(pp. 133-156). 有斐閣.

加藤俊彦・沼上幹・軽部大 (2012).「日本企業における組織の〈重さ〉と事業組織の特性：4 回の調査の概況」一橋大学日本企業研究センター（編）『日本企業研究のフロンティア第 8 号』(pp. 15-27). 有斐閣.

沼上幹 (2003).『組織戦略の考え方：企業経営の健全性のために』筑摩書房.

沼上幹 (2004).『組織デザイン』日本経済新聞出版社.

沼上幹 (2014).「有機的組織の幻想」『一橋ビジネスレビュー』 *62* (1), 6-19.

沼上幹・軽部大・加藤俊彦・田中一弘・島本実 (2007).『組織の〈重さ〉：日本的企業組織の再点検』日本経済新聞出版社.

沼上幹・軽部大・田中一弘・島本実・加藤俊彦・生稲史彦 (2006).「組織の〈重さ〉変数の操作化」『一橋商学論叢』 *1* (1), 4-22.

佐々木将人 (2007).「組織における分化パターンの相違：〈重さ〉プロジェクトの知見から」『一橋商学論叢』 *2* (2), 88-101.

佐々木将人・藤原雅俊・坪山雄樹・沼上幹・加藤俊彦・軽部大 (2016).「組織の〈重さ〉：組織劣化現象の測定とその解消に向けて」宮川努・浅羽茂・細野薫（編）『インタンジブルズ・エコノミー：無形資産投資と日本の生産性向上』(pp. 79-102). 東京大学出版会.

坪山雄樹 (2011).「組織ファサードをめぐる組織内政治と誤解：国鉄財政再建計画を事例として」『組織科学』 *44* (3), 87-106.

第 **6** 章

リーダーシップの組織的消失
BU 長のリーダーシップ行動の階層間比較

佐々木将人

1. はじめに

　本章の目的は，沼上らが実施した組織の〈重さ〉調査のデータに基づいて，事業組織における上位マネジメント層のリーダーシップを組織的な観点から検討することである[1]．より具体的には，BU（ビジネス・ユニット）における BU 長のリーダーシップについて，BU 長自身の回答と部下による認識の差異の分析を通じて，組織的要因によってリーダーシップが低減・消失してしまう現象を明らかにし，その解決策を検討していく．

　組織ユニットのリーダーが強力なリーダーシップを発揮することで，その組織の成果が高まる．このことは，小集団のリーダーだけでなく，全社組織の CEO や事業部門の事業部長など上位マネジメント層においても同様であり，組織単位の規模や組織階層の高低を問わず，リーダーシップの有効性や重要性は等しく確認されてきた（Wang et al., 2011）．しかし，リーダーシップが対人影響力であることを考えると，上位マネジメント層によるリーダーシップの発揮には課題が多い．職場のような小集団であれば，リーダーシップを発揮する対象である部下は，対面接触が可能な場合が多く，対象となる人数も管理可能な範囲にとどまることが多い．しかし，上位マネジメント層の場合，直属の部下を除いては，接触可能性は限られている．また，対象となる人数も大人数となり，全員の顔と名前が一致することすら難しいほどの規模になることもあるだろう．現場に近い組織構成員からしてみれば，上位マネジメント層のリーダーシップは，直接的に自身が見聞きすることより

も，上司や周囲の人々を通じて間接的に受け取る場合も多いだろう．こうした状況では，マネジャー本人はリーダー行動を意識的に取っていたとしても，部下の側からみるとそれが認識されづらいという事態は容易に生じうる．すなわち，上位マネジメント層のリーダーシップ行動は，上位マネジメント層本人と部下との間に，少なくない認識の相違が生じてしまう可能性があるのである．これは本人のリーダーシップ行動の問題だけでなく，多分に組織の問題である．上位マネジメント層のリーダーシップが組織的に消失してしまうのである．このような場合，問題の解決をリーダー当人に委ねるだけでは十分ではない可能性があり，組織として原因を探求し，解決策を検討する必要があると考えられる．

　以上の問題意識に基づいて，本章では，上位マネジメント層のリーダーシップについて，本人とそれを受け取る部下の双方の観点と組織の構造的要因の影響を検討する．本章でデータを用いる組織の〈重さ〉調査の概要は第5章で取り上げられており，BU組織についての同調査の基本的知見は既に説明された通りである．本章の分析は，同調査の調査設計上の特徴であるマルチレベルの調査であることを利用して，リーダーシップについてより深い分析をすることが主眼である．組織の〈重さ〉調査では，1つのBUに関してリーダーであるBU長を含む複数部署・階層からの回答を得ている．このことは，リーダーシップを検討する上で2点の利点がある．第1に，BU長という上位マネジメント層の日々のリーダーシップを測定していることである．第2に，BU長のリーダーシップについて，BU長自身とその部下であるミドル・マネジメント，ロワー・マネジメントという3階層からの回答が得られていることである．こうした利点があるために，実際の組織的状況や組織的要因の影響を多面的に検討でき，リーダーシップについてのより解像度の高い分析が可能となるのである．

2. 問題設定

　リーダーシップ研究では，組織構造や組織的状況，環境などのリーダーが

置かれている状況を総称してコンテクストと呼ばれているが，現実のリーダーシップが組織的状況の中で行われることと比べると，このコンテクストを含めた研究はあまり多くはない．例えば，Porter and McLaughlin（2006）によれば，1990 年から 2005 年の間に主要な組織行動論のジャーナルに掲載されたリーダーシップに関する実証研究 223 本のうち，コンテクストについての分析が少なからず含まれていた論文は約 1/4 に過ぎないことが報告されている．同様に Dinh et al.（2014）でも，2000 年から 2012 年の間に組織行動論のトップジャーナルに掲載されたリーダーシップ研究 754 本のうちのコンテクストを含む研究は約 2 割程度であった[2]．

　しかし，リーダーシップとコンテクストとの関係に関する研究は，近年理論的な発展が見られ，関心が高まっている領域でもある（Oc, 2018）．コンテクストを扱う代表的なリーダーシップ理論について，例えば Oc（2018）では以下の 4 つにまとめられている．彼の説明に基づいて，この 4 つの理論を簡単に紹介しておこう．

① リーダーシップのコンティンジェンシー理論（Contingency theory of leadership）：

　　Fiedler（1964）を嚆矢とし，リーダーシップの有効性がフォロワーの特性や集団の状況要因によって異なることを説明する理論である．ミシガン研究（Bowers and Seashore, 1966）やオハイオ研究（Stogdill and Coons, 1957）を中心とするリーダーシップの行動理論（タスク志向性・人間関係志向性）に続く研究の 1 つとして展開されてきた．具体的な状況要因としては，Fiedler（1964）では，人間関係，タスクの構造化，リーダーの権限が，パス–ゴール理論（House, 1971）ではフォロワーの能力やタスク構造などが挙げられ，これらの要因の程度がリーダーシップ行動の有効性を調整することが示唆されてきた．

② リーダーシップの代替物理論（Substitute for leadership）：

　　組織の様々な状況や構造がリーダーシップと成果との関係の調整変数と

して機能するだけでなく，場合によってはリーダーシップを代替する場合があることを説明する理論である．代表的な研究である Kerr and Jermier (1978) では，部下の状況（プロフェッショナル志向など）やタスクの構造（手順の明確さなど），組織の構造や状況（組織の凝集性など）が，タスク志向や人間関係志向のリーダーシップの代替となることを指摘している．

③暗黙のリーダーシップ理論（Implicit theory of leadership）：

リーダーシップの有効性には，フォロワーが暗黙的に認識するリーダーに対する信念や過程が影響することを指摘する理論である（Shondrick et al., 2010）．この理論では，フォロワーは「有効なリーダーシップ」に関してのプロトタイプを暗黙的に認識しており，フォロワーは実際のリーダー行動がそれと適合しているかどうかで評価や態度を決定すると想定している．そしてフォロワーのリーダーに対する信念や過程の形成が，組織のタイプや国の文化のようなコンテクスト要因によって影響を受けるのである．暗黙のリーダーシップ理論では，リーダーシップの有効性を調整する要因としてフォロワーの認識やそれを形成するコンテクスト要因を扱うだけでなく，特定のリーダーの登場に影響を与えるマクロ要因としてもコンテクスト要因を扱っている点に特徴がある（Gerstner and Day, 1994）．

④リーダーシップのコンテクスト理論（Contextual theory of leadership）：

マクロ要因のリーダーシップに対する影響をより直接的に検討し，組織の状況や環境が，リーダーシップの出現や有効性に対して影響を与えることを説明する理論である．例えば，Osborn et al. (2002) では，安定的，危機的，動的均衡，混沌という4つの組織コンテクストによってリーダーシップの登場の仕方や，リーダー行動，組織成果への影響が異なることを明らかにしている．

以上のように，コンテクストとリーダーシップの関係性を扱う研究は，異なる理論的な視座に基づいて，2000年代以降に再び展開が見られており，

注目が集まりつつある領域だと言える.

　このようなリーダーシップと組織との関係性に対する注目は, 分析手法の発展とも関係していると考えられる. 組織とリーダーシップの関係を検討することは, 組織・集団・個人をまたがるマルチレベルの問題設定であることが多いからである (Tosi, 1991). 2000年代以降, マルチレベル分析の手法を用いたリーダーシップ研究 (Bliese et al., 2002; Dyer et al., 2005) や, マクロ組織理論の説明基盤としてミクロレベルの分析を行う「ミクロ的基盤研究 (Microfoundations)」(Felin et al., 2015) など, 組織理論や組織行動論の領域において, 組織と個人を縦断するマルチレベル研究が展開されてきた. Gardner et al. (2020) によれば, 2010年から2020年のトップジャーナルに掲載されたリーダーシップ研究のうち約2割が「HLM (階層的線形モデル)」や「MSEM (マルチレベル構造方程式モデリング)」といったマルチレベルの分析を含んでいることが示されている. これらの手法の発達が, 組織レベル, 集団レベル, 個人レベルを切り分けながら分析することを可能として, コンテクスト要因の検討を促進しているのである.

　こうした状況は, リーダーシップ行動について, 組織の影響やマルチレベルでの分析を通じてより多面的に分析する必要性を示唆するものである. そこで, 本章ではBUにおけるBU長のリーダーシップ行動と組織の関係を明らかにするために, 以下の3つのリサーチクエスチョンを置くことにしたい.

RQ1：BU長のリーダーシップに対する認識は階層間で異なるか？

RQ2：BU長のリーダーシップは部下に認識されることが重要か？

RQ3：どのような組織的要因がBU長のリーダーシップに対する階層間の認識差を解消させるのか？

3. 分析方法

　本章の分析では，組織の〈重さ〉調査のデータを使用する．本章の分析方法が同調査の調査設計に大きくかかわっているため，ここで調査設計の基本構造について説明をしておこう．図6-1に示されているように，組織の〈重さ〉調査では，「人事質問票」，「戦略質問票」，「組織質問票」の3種類の質問票を設けている．このうち，調査の中心は組織属性や組織の状況について尋ねた「組織質問票」であり，「BU長（主として事業部長を想定）」と「ミドル（主に課長レベルを想定）」，「ロワー（現場の第一線でホワイトカラーの実務を担う層を想定）」の3階層を回答者として設定している．また，ミドル，ロワーの質問票は3つの異なる職能のマネジャーそれぞれで少なくとも1名に回答してもらっている[3]．つまり，1つのBUについて，合計7名からの回答を得ていることになる．この他，BUの従業員数や本社による管理については人事質問票で，BUの直面する事業環境や戦略については戦略質問票で，スタッフ部門の担当者に回答してもらっている．

　組織質問票では，上記3階層に対して一部を除いてほぼ同一の質問を尋ねている．それゆえ，この調査では，BUの状況に関してBU長・ミドル・

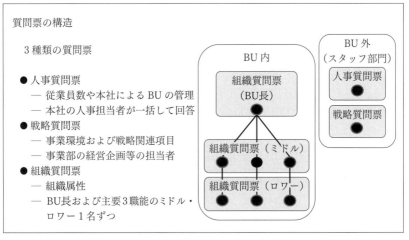

図6-1　組織の〈重さ〉調査の調査設計

ロワーの 3 者の観点から測定することが出来る構造になっている．例えば，本章の分析の主眼である BU 長のリーダーシップについて言えば，BU 長自身の自己評価に加えて，部下であるミドルとロワーのそれぞれの視点から見た BU 長のリーダーシップの状況について測定することが出来るため，自己評価と部下による認識の比較が可能となるのである．

なお，今回の分析では過去 7 回の調査のうち，第 4 回～第 7 回のデータを用いて分析を行っている．これは，この 4 回においては調査項目が同一であるためである．4 回の合計は，328BU，2542 名（BU 長 325 名，ミドル1105 名，ロワー 1112 名）であり[4]，回答者の平均年齢は，BU 長が 54.7 歳，ミドルが 46.9 歳，ロワーが 39.5 歳となっている．

4．リーダーシップの消失：BU 長のリーダーシップの階層間比較

第 1 の RQ（「BU 長のリーダーシップに対する認識は階層間で異なるか？」）を検討するために，ここではまず BU 長のリーダーシップについての階層間比較を行うことにしよう．組織の〈重さ〉調査では，BU 長のリーダーシップ行動について，タスク志向性と人間関係志向性の基本的 2 次元を測定している．タスク志向性とは，目的達成志向のリーダーシップであり，目的達成のためにメンバーが働く構造を設定し，タスクに集中させるリーダーシップ行動である．人間関係志向性とは，集団の人間関係を良好にするために，メンバーの動機づけや満足度を高めることを志向するリーダーシップ行動である．これらは，組織成果を高めるリーダー行動として，数多くの先行研究において実証的証拠が蓄積されてきた（Forsyth, 2018）．具体的に組織の〈重さ〉調査の質問票では，それぞれの次元について，表 6-1 に示されている各 3 項目を 7 点の主観尺度（1：全く違う～ 4：どちらとも言えない～ 7：全くその通り）で尋ねている．これらの項目は先行研究の概念的意図を踏まえながらも BU 長のリーダーシップという文脈に合致するように本調査独自の質問内容になっている[5]．

表 6-1 では，タスク志向性と人間関係志向性に関しての階層間の平均値

および各郡間の差の検定結果を示している．BU長の平均値を見ると，多く
の項目の平均値が5点を上回っている．4点の選択肢が中央の「どちらとも
言えない」なので，4点を上回るということは，相対的には肯定的な評価で
あり，BU長たち自身は，ある程度リーダーシップ行動を行っていると考え
ている傾向にあることがわかる．

　しかし，階層間の比較をすると，部下であるミドルやロワーはBU長自身

表6-1　「BU長のリーダーシップ」の階層間比較

タスク志向性	1:BU長	2:ミドル平均	3:ロワー平均	一元配置分散分析	Bonferroni 検定		
					1-2	2-3	1-3
BU長の語る戦略からは実現に向けた具体的な道筋が見えてくる	5.688	5.127	4.942	***	***	***	***
BU長は競争相手に勝つために今何をなすべきか，という具体的な策については発信が不足している（R）	4.886	4.696	4.411	***	ns	***	***
BU長は明確なビジョンを打ち出している	5.580	5.384	5.192	***	*	***	***
3項目平均	5.385	5.068	4.848	***	***	***	***

人間関係志向性	1:BU長	2:ミドル平均	3:ロワー平均	一元配置分散分析	Bonferroni 検定		
					1-2	2-3	1-3
BU長は部下たちの声に素直に耳を傾ける	5.627	5.422	5.282	***	*	*	***
BU長は部下の心にきめ細かい配慮をしてくれる	4.910	4.842	4.659	***	ns	***	***
BU長から任された仕事で私が失敗したら，BU長は私を擁護してくれる	5.512	4.812	4.556	***	***	***	***
3項目平均	5.350	5.026	4.831	***	***	***	***

N=BU長 324, ミドル 1098, ロワー 1108
†:p<.10, *:p<.05, **:p<.01, ***:p<.001, ns: 有意差なし
注：（R）と表記されている項目は逆点尺度であり，表中の数字は逆転処理（8から回答値を引く）をした後のものである

とは同程度には彼らのリーダーシップ行動を評価していないことが分かる．BU 長からミドル，ロワーに至るにつれて，平均値が低下しているのである．例えば，タスク志向性の 3 項目平均についてみれば，BU 長の平均値は 5.385 であるのに対して，ミドルの平均値は 5.068，ロワーの平均値は 4.848 であり，階層を下るにつれて値が低下していることが分かる．表 6-1 に示されているように，BU 長よりもミドルの平均値は低く，ロワーの平均はさらに低いという傾向は，全ての項目において一貫して確認できる[6]．BU 長のリーダーシップは，自身が思っているほど，部下には伝わっておらず，階層が下がるにつれてその認識ギャップはより拡大していく傾向が見られるのである．

　こうしたリーダーシップの状況は，少なくとも経験的には良く理解できるものであると思われる．リーダーの立場で考えれば，指示が思ったほど部下に十分に伝わっていなかったり，意図とは違う解釈をされていたりといった経験は，たとえ小集団であったとしてもしばしば生じることである．BU という比較的規模が大きく，複数の階層に跨る組織であれば，その傾向は一層顕著となるだろう．階層が下がるにつれて，BU 長と直接的に接する機会は減っていくために，BU 長の声はより届きにくくなり，リーダーシップの効果は発揮しづらくなるのである．BU 長自身はリーダーシップ行動を取っていたとしても，組織の階層を降りるにつれて，そのリーダーシップが次第に消失してしまうということが生じているのである．

　リーダーシップについての階層間の認識ギャップは，組織の状況によっても大きく異なる．風通しの良い組織では，リーダーシップは，あまり大きな認識ギャップを生じさせずに末端まで届き，風通しの悪い組織では，リーダーシップの消失の程度が大きくなるのである．このことを明らかにするために，組織運営の困難さの程度を示す「組織の〈重さ〉」という変数を用いて，組織間の比較を行うことにしよう[7]．ここでは，組織の〈重さ〉（12 項目平均値）のスコアの上位 25 ％を重量級組織群，下位 25 ％を軽量級組織群として，それぞれの組織群におけるリーダーシップの階層間比較を行った．分析結果を示しているのが，表 6-2 である[8]．

表 6-2　組織別リーダーシップの階層間比較

重量級組織	BU 長平均	ミドル平均	ロワー平均	一元配置分散分析	Bonferroni 検定		
					1-2	2-3	1-3
タスク志向性 （3 項目平均）	5.341	4.724	4.540	***	***	ns	***
人間関係志向性 （3 項目平均）	5.480	4.842	4.698	***	***	ns	***

軽量級組織	BU 長平均	ミドル平均	ロワー平均	一元配置分散分析	Bonferroni 検定		
					1-2	2-3	1-3
タスク志向性 （3 項目平均）	5.435	5.410	5.104	***	ns	***	***
人間関係志向性 （3 項目平均）	5.285	5.220	4.979	***	ns	***	***

N= 重量級組織 82BU, 軽量級組織 82BU
† :p<.10, *:p<.05, **:p<.01, ***:p<.001, ns: 有意差なし

　ここで注目するべき点は，3 点ある．第 1 に，BU 長の平均スコアは，重量級組織と軽量級組織とでそれほど変わらないことである．タスク志向性は重量級組織が 5.341，軽量級組織が 5.435 であり，人間関係志向では，重量級組織が 5.480 で軽量級組織が 5.285 となっている[9]．このように，少なくとも自己評価では，軽量級組織でも重量級組織でも，リーダーが認識しているリーダーシップ行動の程度には差が見られないのである．

　第 2 に，重量級組織を見ると，BU 長とミドル・ロワーの平均値の間に大きな差が見られる．例えば，タスク志向性について，BU 長の平均は 5.341 であるのに対して，ミドル平均は 4.724，ロワー平均は 4.540 であり，BU 長とミドル・ロワーの間には顕著な差が確認できる．重量級組織では，BU 長のリーダーシップは，ミドルもロワーの認識では著しく減少してしまっているのである．他方で，ミドル・ロワー間は，平均値には多少の差があるものの，統計的に有意な水準ではなく顕著な差ではない．それゆえ，重量級組

織では，BU長と部下との間の差が顕著であることが分かる．

　第3に，軽量級組織を見ると，重量級組織とは対照的に，BU長とミドルの間にはBU長のリーダーシップについての認識の差が見られなかった．重量級組織に比べ，軽量級組織ではBU長のリーダーシップに対するミドルの認識の程度が高く，BU長自身の評価と認識差がないのである．他方で，BU長とロワーの認識の間には統計的に有意な差異が見られ，ミドルとロワーの間にも有意差が見られている．ロワーの平均値は重量級組織よりも高いものの，BU長自身やミドルの認識と比べると有意に低い値になっているのである．

　以上の結果は，BU長のリーダーシップが，組織の状況の影響を多分に受けることを示している．BU長自身のリーダーシップ認識については重量級組織と軽量級組織の間で差がないことから，組織運営に問題を抱える組織でもBU長自身はリーダーシップ行動を少なくとも意図の上では取っていることが分かる．むしろ，一般的に組織階層を降りるにつれて，BU長のリーダーシップは認識されづらくなり，特に風通しの悪い組織の状況では，リーダーシップの消失効果がより顕著に表れてしまうのだと考えられる．

5. リーダーシップ行動と組織成員の認知：マルチレベル分析

　前節で確認されたように，BU長と部下のリーダーシップに対する認知に差があるとするならば，両者の関係はどのように捉えるとよいのだろうか．BU長のリーダーシップ行動が部下に認識されることはどのような意味を持つのだろうか．これが，第2のRQ（「BU長のリーダーシップは部下に認識されることが重要か？」）である．

　タスク志向性のように目標や戦略の設定に関わるようなものの場合，部下が十分に理解をしていなくても，有効な目標や戦略の設定自体が，組織成果を高める可能性は考えられる．他方で，実際に現場で仕事を遂行するのは，組織成員であるミドルやロワーであるので，彼らが適切に理解しないと，組織成果は十分に上がらないという可能性も十分に考えられる．小集団とは異

なり，BU 長のリーダーシップ行動は，ミドル・ロワーに十分に認識されず
に組織的に消失しやすい．それゆえ，部下であるミドル・ロワーが認識する
ことがどのような意味を持つかを改めて検討することには意義があると考え
られる．

　以上の点を踏まえ，本節では，マルチレベル分析という手法を用いて下記
の分析を行うことで，リーダーシップ行動についての BU 長の自己回答と部
下であるミドル・ロワーの認識との関係性を検証する．特にここでは，近年
の「マクロ理論のミクロ的基底（Microfoundations）」研究において頻繁に採
り上げられているバスタブ・モデルを用いて分析を試みる（Coleman, 1986;
Felin et al., 2015）．このモデルの骨子は，マクロレベルでの因果関係（原因
変数と結果変数の関係）をミクロレベルでの原因・結果の媒介関係に基づい
て説明しようとする点にある．このモデルに基づけば，マクロレベルでの
BU 長のリーダーシップと組織成果との関係は，ミクロレベルでのミドルや
ロワーのリーダーシップに対する認識とそれに基づく行動変化の媒介関係に
基づいた説明となる．

　分析モデルを示したものが図 6-2 である．図に示されているように，BU
長のリーダー行動が組織成果を高めるという組織レベルの関係性を，図中下
側の個人レベルの関係性から説明しようとするものである．すなわち，BU
長のリーダーシップが，組織内の部下（ミドル・ロワー）に認識されること
を通じて，彼・彼女らの仕事の遂行を円滑にし，最終的に組織成果を高める
という下側の因果関係を経由した関係である．もし，BU 長のリーダー行動

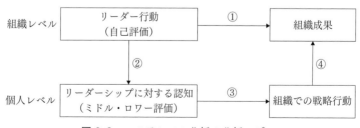

図 6-2　マルチレベル分析の分析モデル

が，部下に認識されなくても組織成果に影響を与えるのであれば，図中上側の関係（①）のみが見られ，他方の部下に認識に影響を与えることで間接的に成果に影響を与えるのであれば，図中下側の関係を経由する形（②，③，④）で，組織成果への影響が見られるであろう．

　上記のモデルを検証するために，以降の分析では BU 長のリーダーシップ行動およびリーダーシップに対するミドル・ロワーの認知について，以下の変数を用いた分析を行う．表 6-3 に示されているように，BU 長のリーダーシップ行動と，リーダーシップに対する認知は，前節でも紹介したタスク志向性と人間関係志向性の自己回答およびミドル・ロワーの認識である．ミドル・ロワーの組織内での戦略行動としては，戦略に関する組織内でのコミュニケーションの活発さに関する 4 項目の平均値を用いている[10]．組織成果については，組織の〈重さ〉12 項目の BU 内平均値を用いている．

　分析においては，組織（BU）レベルと個人（ミドル・ロワー）レベルという異なる分析単位を含んだ分析を行うために，統計的ソフトウェア Mplus を用いたマルチレベル・パス解析を行っている．この分析は，以下の結果に示されているように，個人レベル（Within レベル）の分析と BU 間レベル（Between レベル）の分析を同時に行う分析手法であり，階層構造を伴うデータセットの分析に適した分析手法であることが知られている（小杉・清水，2014）[11]．

　図 6-3 は，タスク志向性について，マルチレベル分析によって分析した結果である．図の上部が BU 間レベルでの推計結果を，下部が BU 内の個人（ミドル・ロワー）レベルでの推計結果を示している．個人レベルの分析及

表 6-3　マルチレベル分析に用いた変数

変数	測定尺度	回答者
BU 長のリーダーシップ行動	タスク志向性と人間関係志向性各 3 項目	BU 長
リーダーシップに対する認知	タスク志向性と人間関係志向性各 3 項目	ミドル・ロワー
組織での戦略行動	戦略コミュニケーション 4 項目	ミドル・ロワー
組織成果	組織の〈重さ〉12 項目の BU 内平均値	ミドル・ロワー

126

び BU 間の分析結果の両方で示されているように，部下に認識されたタスク志向性と戦略コミュニケーションとは統計的に有意な正の関係となっている．BU 長のタスク志向性を認識したミドル・ロワーは，戦略に関する BU 内でのコミュニケーションを活性化させているのである．また，BU 間（Between）レベルでは，図中の上下のパスも統計的に有意な結果を示している．すなわち，BU 長のタスク志向性は，部下に認識された BU 長のタスク志向性と正の関係を示し，ミドル・ロワーの戦略コミュニケーションは，組織の重さと負の関係を示しているのである．以上の結果は，BU 長のタスク志向性は，ミドル・ロワーにそれが認識されることを通じて，彼・彼女らの BU 内での戦略コミュニケーションを活発にし，そうした行動を通じて組織の〈重さ〉が軽減されていくという間接的な効果が示されているのである[12]．

　これに対して，BU 長のタスク志向性は，直接的には組織の〈重さ〉と正の関係にあることが示されている．BU 長のタスク志向性は，それが適切に部下に認識されていれば，彼らの行動を導く上で有効であり，組織運営を円滑にする一方で，そうした効果を抜きにすれば，組織に対する負担感を高めてしまうという可能性があるのかもしれない．BU 長のリーダーシップ行動

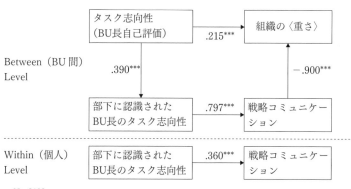

N＝2182
値は全て標準化係数
†:p<.10, *:p<.05, **:p<.01, ***:p<.001
RMSEA = 0.18, CFI =.997, TLI=.989, SMSR = .011(within), .075(between)

図 6-3　タスク志向性の分析結果

は，組織の中の部下への媒介効果を通じて意味のある行動になるのであり，適切に部下にリーダーシップが伝わる必要があることが改めて認識できる[13]．

　同様の分析モデルを人間関係志向性について検証した結果が図 6-4 である．タスク志向性の分析結果と同じく，BU 長の人間関係志向のリーダーシップ行動が認識したミドル・ロワーは，組織内の戦略コミュニケーションを活性化させている．また，BU 間レベルで見れば戦略コミュニケーションの活性化が組織の〈重さ〉の軽減につながるという関係はここでも示されている．BU 長の人間関係志向性が組織の〈重さ〉に与える直接的な効果が正であることもタスク志向性と同様の結果である．人間関係に対する配慮は，部下を動機づけたり，職場環境を円滑にしたりするために必要な行動であるものの，時間的・経済的対価を求められる場合がある．また，異なる意見がある場合に，折衷案的な対応を行うことは，時に経済合理的な対応を取りづらくさせることもある．そうしたことが，組織に対する負担感を高めてしまうという側面があるのかもしれない．

　しかし，タスク志向性の結果と異なり，BU 長の人間関係志向性について

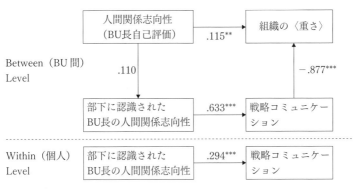

N＝2182
値は全て標準化係数
†:p<.10, *:p<.05, **:p<.01, ***:p<.001
RMSEA = .042, CFI =.976, TLI=.915, SMSR = .015(within), .104(between)

図 6-4　人間関係志向性の分析結果

の自己評価は，ミドル・ロワーの人間関係志向性の認識と有意な関係が見られなかった．タスク志向性については，自己回答と他者認識の間に強い正の関係が見られたのに対して，人間関係志向については，BU長自身は行っていると考えていても，ミドル・ロワーがそれを認識する程度が著しく低いという傾向が示されているのである[14]．同一の質問に対する回答の間に相関関係が見られないことは，少なからず驚くべき事実だが，BUという比較的規模の大きな組織において対人的な人間関係志向の有効性には限界があることを示唆している可能性がある．人間関係志向は，日々目に見えて接する直接の部下に対するリーダーシップ行動として有効かもしれないが，BUという比較的規模の大きな組織のリーダー行動として考えると，部下への配慮行動が伝わるには限界があるのかもしれない．

　さて，BU長の人間関係志向行動が部下の認識につながらないという発見事実から考えると，こうした傾向は組織によって異なる可能性がある．典型的には組織規模の影響が考えられる．比較的規模が小さい組織では目の届く範囲であり，かつ部下からもBU長の行動が見えやすいので，自己評価と他者認識とのつながりが強いのに対して，大規模組織ではBU長の声が届きにくく，行動が見えにくいことから，両者の関係が薄くなるという可能性である．このことを検証するために，サンプルを組織規模の大小で分けて，多母集団同時分析を用いてそれぞれでモデルを推計した．これによって，組織規模の相違による影響を確認することが出来る．サンプル分割に当たっては，BUの正規従業員数をキー変数としてBUを「組織規模小」と「組織規模大」の2群に分けた[15]．タスク志向性と人間関係志向性のそれぞれの分析結果が図6-5と図6-6に示されている．

　図6-5に示されているように，多母集団同時分析の結果も，先ほどのサンプル全体の分析と同じ結果である．組織規模小群においても，組織規模大群においても，①タスク志向性の成果に対する間接効果は，両方の群において有意な負の影響を示しており，組織の〈重さ〉への直接のパスは正の影響を示している．すなわち，組織規模を問わず，BU長のタスク志向性は，それが部下に認識され，部下の行動を変化させることを通じて間接的に組織の

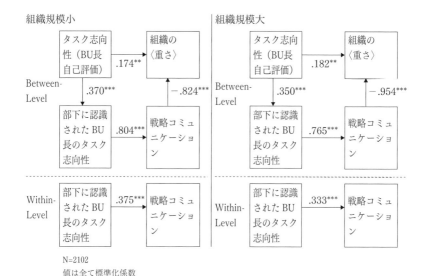

N=2102
値は全て標準化係数
† :p<.10, * :p<.05, ** :p<.01, *** :p<.001
RMSEA = .000, CFI =1.000, TLI=1.000, SMSR = .011(within), .055(between)

図6-5　多母集団同時分析の結果（タスク志向性）

〈重さ〉に影響を与えているのである．

　人間関係志向性でも，部下に認識されたリーダーシップ行動と戦略コミュ
ニケーション，組織の〈重さ〉の関係は規模の大小を問わず観察される（図
6-6）．BU長のリーダーシップ行動が部下に認識されることは，規模を問わ
ず重要なのである．しかし，BU長の自己評価とミドル・ロワーの認識との
間の関係は，規模の小さな組織では5％水準で正の有意な関係が見られる
のに対して，規模の大きな組織では有意な関係は確認されない．また，人間
関係志向性から組織の〈重さ〉に対する直接のパスも，規模の大きな組織で
は有意な関係は見られなかった．このことは，規模が大きな組織において，
BU長の人間関係志向性は，一般的には組織の〈重さ〉に対して影響を与え
づらいことを示唆している．規模の大きな組織では，BU長の配慮的なリー
ダー行動を部下が認識することが，組織の重さの軽減や成果を高めることに
つながるものの，規模が大きいゆえに，BU長の行動が彼・彼女らには認識

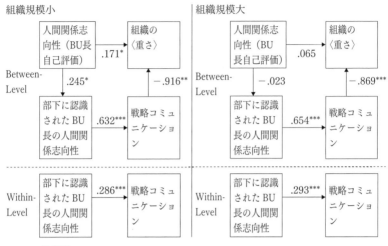

N=2102
値は全て標準化係数
†:p<.10, *:p<.05, **:p<.01, ***:p<.001
RMSEA = .027, CFI =.990, TLI=.965, SMSR = .008(within), .123(between)

図 6-6　多母集団同時分析の結果（人間関係志向性）

されづらいのだと考えられる．他方で，規模の小さな組織では，BU 長の自
己評価とミドル・ロワーの認識との間にはやや弱いながらも有意な正の関係
が確認できる．目に見える規模感の組織では BU 長の配慮行動は部下に伝わ
りやすいのであろう．

6. リーダーシップの消失への対処：先行要因の分析

　これまでの分析から明らかなように，BU 長のリーダーシップ行動が，部
下に認識されることが重要である．しかしながら，一般に BU 長が思ってい
るほど，十分に部下に認識されない傾向にあること，特に組織運営が円滑で
はない組織ほどその傾向が顕著であることは，組織においてリーダーシップ
の消失が大きな課題であることを示唆している．
　それでは，リーダーシップの組織的消失は，どのような要因によって増幅／

減少するのだろうか．ここでは RQ3（「どのような組織的要因が BU 長の
リーダーシップに対する階層間の認識差を解消させるのか？」）の検討を通
じて，リーダーシップの組織的消失に対する解決策を検討する．

　より具体的に本節では，BU 長のリーダーシップ行動の認識ギャップを従
属変数として，組織的な要因を説明変数とした重回帰分析を行う．従属変数
は，以下の手順でタスク志向性と人間関係志向性の 2 種類を作成した．

①ミドル・ロワーが認識する BU 長のリーダーシップ行動を従属変数，BU
　長自身のリーダーシップ行動への回答を説明変数とした単回帰分析を実行
　する
②分析結果の残差に –1 をかけ，符号を反転させて変数化する[16]

なお，分析単位は個人であり，ミドル・ロワーの回答が分析に含まれる．欠
損値があるサンプルを除外した結果，ミドル・ロワー合計で 1994 名がサン
プルとなった．表 6-4 に分析に用いた変数を記載している．

　表 6-5 には，重回帰分析の結果を示している．タスク志向性と人間関係
志向性のリーダーシップ認識ギャップを従属変数とする 2 つのモデルでは，
ほぼ同様の結果を示している．ここで注目すべき点は 2 つある．

　第 1 に，ルート距離はリーダーシップ行動の認識ギャップに正の影響を
示している．BU 長と自身との距離が遠くなるほど，リーダーシップ・
ギャップは生じやすい，すなわちリーダーシップの消失が生じやすくなるの
である．リーダーシップは対人影響力であり，対人的な距離が遠くなるほ
ど，その有効性が減少する可能性を改めて示唆する結果であると考えられ
る．また，この結果は，組織規模が大きくなるほどにリーダーシップの消失
が生じやすい理由を説明するものでもあるだろう．規模の大きい組織ほど，
一般的に縦に伸びやすく，それがリーダーシップの組織的消失を生み出して
しまうのである．これを解消するためには，例えば①組織規模を小さくする
ことで組織の階層を縮める努力をする，②IT の活用等を通じて組織の階層
を縮める努力をする，といったことが考えられる．あるいはそうした活動が

表 6-4　重回帰分析に用いた変数

変数	測定尺度	回答者
リーダーシップ認識ギャップ	部下が認識する BU 長のリーダーシップ行動を従属変数，BU 長自身のリーダーシップ行動への回答を説明変数とした単回帰分析の残差	BU 長およびミドル・ロワー
組織年齢	BU の創立から現在までの年数	経営企画部門の担当者
BU 長の在任期間	BU 長の在任月数	人事部門の担当者
ルート距離	BU 長と回答者との間に介在する上司（階層）の数	ミドル・ロワー
BU 計画参照度	「BU で策定されているフォーマルな計画（事業計画，ロードマップなど）」を参照している程度（7 点主観尺度）	ミドル・ロワー
手続き標準化	「日々の職務は基本的に手順・手続きが明確化されていて，誰がやっても同じ手順を踏むようになっている」（7 点主観尺度）	ミドル・ロワー
目標ブレークダウン	「予算や計画が厳密に作成されており，売上や利益目標，スペックや納期，コスト等が各人の具体的な目標へと明確にブレークダウンされている」（7 点主観尺度）	ミドル・ロワー

難しい場合には，少しでも BU 長との接触する機会を増やすことが求められるのかもしれない．

　第 2 に，BU 計画参照度および手続き標準化，目標ブレークダウンはタスク志向のリーダーシップ認識ギャップに対して，いずれも負の有意な影響を示している．これらの組織的施策・状況があることで，リーダーシップの認識ギャップが解消されるのである．同様に，人間関係志向でも，BU 計画参照度と目標ブレークダウンはリーダーシップ認識ギャップに対して負で有意な影響を示している．これらの結果は，公式化や標準化のような官僚制的な組織機構が，BU 長のリーダーシップ行動を補完する役割を果たしている可能性があることを示唆している．その理由は，こうした官僚制的な組織施策

表 6-5　重回帰分析の結果

	タスク志向性認識ギャップ		人間関係志向性認識ギャップ	
	標準化偏回帰係数	標準誤差	標準化偏回帰係数	標準誤差
組織年齢	−0.026	0.001	−0.020	0.001
BU 長の在任期間	−0.003	0.001	−0.005	0.001
ルート距離	0.061***	0.018	0.111***	0.018
BU 計画参照度	−0.211***	0.022	−0.154***	0.022
手続き標準化	−0.078***	0.014	−0.018	0.015
目標ブレークダウン	−0.195***	0.016	−0.157***	0.017
実施回ダミー	YES		YES	
F 値	39.01***		21.70***	
調整済み R^2	0.147		0.086	

N=1994

† :p<.10, * :p<.05, ** :p<.01, *** :p<.001

が整っているほど，ミドル・ロワーの役割が明確であり，それが BU 長の
リーダーシップを認識させやすくなっているからかもしれない．自身の職務
が曖昧な状況であるほど，何が適切なリーダーシップなのかが分からず，
リーダーシップ行動を認識しづらくなるのである．

7．おわりに

　本章の最後に，これまでの発見事実を簡単にまとめておこう．

RQ1：BU 長のリーダーシップに対する認識は階層間で異なるか？
　　組織におけるリーダーシップには，階層間でのギャップが生じやすい．
　特に，〈重い〉組織，機能不全に陥っている組織ほど，その傾向は顕著で
　あり，BU 長本人がリーダーシップ行動を取っていても，組織的に消失し
　てしまう．

134

RQ2：BU 長のリーダーシップは部下に認識されることが重要か？

　リーダーシップが適切に効果を発揮するためには，ミドル・ロワーに認識してもらって，彼らの戦略行動を喚起する必要がある．ただし，人間関係志向性については，BU 長のリーダーシップ行動はミドル・ロワーに非常に伝わりづらく，タスク志向性の方が訴求しやすい可能性がある．

RQ3：どのような組織的要因が BU 長のリーダーシップに対する階層間の認識差を解消させるのか？

　リーダーシップの認識ギャップを埋めるためには，階層間の距離を縮める必要がある．それと同時に，計画や目標を明確にするといった官僚制的な組織メカニズムがリーダーシップの認識に補完的な役割を果たしている．

　以上の結果は，BU 長のリーダーシップ行動が，組織運営にとって重要な意味を持つと同時に，本質的に大きな課題があることを浮き彫りにしている．BU 長のリーダーシップは，組織構造や組織的状況の影響を受けるため，しばしばミドル・ロワーには十分に届くことなく，組織の中で消失してしまうのである．この問題に対して，例えば BU 長自身により明確なリーダーシップ行動を取ることを求めることも出来るだろう．しかし，少なくとも自己評価ではある程度リーダーシップ行動を取っていると回答していることを考えると，この方向での対応には限界があるように思われる．BU 長のリーダーシップが十分ではないことが組織の停滞の原因であったとしても，組織の側の影響が大きいからである．ミドル・ロワーにリーダーシップを届かなくさせている組織の方を変えていく必要があるのだが，それは組織の構造や制度などの変更を含むものである．それゆえ，BU 長自身だけで対応できる部分は限られており，全社的に検討する必要が求められるのである．

　また，本稿の分析結果からは，リーダーシップの実証研究において，コンテクストの影響やマルチレベルでの分析を行うことの必要性を改めて確認できる．確かに，リーダーシップの組織や個人への影響は，それを受ける側の認識が非常に重要であり，その点ではリーダーシップの実証分析において

フォロワーの評価によってリーダーシップを測定することには一定の合理性があると言える．しかし，実際のリーダー自身の行っている言動と部下が認識するリーダーシップの間には少なくないギャップが生じうるものであり，リーダーの立場からどう有効に機能させるのかについては，現実の組織的状況を踏まえてより慎重に検討する必要があると言える．

注

1　同調査において，BU は「市場適応に向けた実質的な相互作用を行っている最小計画単位」，BU 長は「利益責任を負う主体」として定義している．多くの場合には BU は事業部，BU 長は事業部長に該当するが，事業部・事業部長のみに限定しているわけではない．

2　同論文で分類されているカテゴリのうち，Contingency theory（7 ％）と Contextual, Complexity and System Perspectives of Leadership（15 ％）を合計している．

3　BU によっては，各階層・職能から 1 名以上の回答を得ている場合もある．

4　一部回答に欠損値がある回答者を含んでおり，そうした回答者は，以降の分析においては除外されている．

5　タスク志向性を想定した項目として，このほかにも「BU 長は『高い目標・志を持て』とわれわれを鼓舞する」を尋ねている．しかし，BU 長の回答に関して探索的因子分析をした結果，2 つの次元（タスク志向性と人間関係志向性に該当）に跨った因子構造になっており，信頼性係数（クロンバックの α）もこの項目を除くことで向上することから，今回の分析では除外している．

6　これは，統計的にも有意な差異であり，一元配置分散分析を行った結果，全ての項目において，1 ％水準で有意な階層間での差異が確認されており，群間の差を検定する Bonferroni 検定においても，多くの質問項目において「BU 長—ミドル間」，「ミドル—ロワー間」，「BU 長—ロワー間」の BU 長のリーダーシップ行動への評価に統計的に有意な差異があることが確認できる（表 6-1）．

7　組織の〈重さ〉の詳細については，第 5 章を参照のこと．

8　組織の重さの第 1 四分位点（下位 25 ％）は 3.458，平均は 3.846，第 3 四分位点（上位 25 ％）は 4.142 である．四分位点での分割を行った結果，第 1 四分位点を下回る組織群（軽量級組織）は，82BU，第 3 四分位点を上回る組織群（重量級組織）は，82BU となっている．

9　平均値の差の検定でも，2 群の平均値に差は見られない．また，四分位点でサンプルを 4 群に分けた上で，一元配置分散分析を行っても，群間に統計的に有意な差は確認されなかった．

10 具体的には，以下の4項目について，7点尺度の主観尺度（1：全く違う～4：どちらとも言えない～7：全くその通り）で尋ねている．（①「BU が直面する事業課題の検討に際して，職能部門の違いを超えて頻繁にヨコ方向で議論する」，②「BU が直面する事業課題の検討に際して，職能部門の違いを超えて頻繁にタテ方向で議論する」，③「BU 計画の具体策生成・提案について，職能部門の違いを超えて頻繁にヨコ方向で議論する」，④「BU 計画の具体策生成・提案について，職能部門の違いを超えて頻繁にタテ方向で議論する」）

11 ICC1 はタスク志向性が 0.192，人間関係志向性が 0.158，戦略コミュニケーションが 0.078 であり，クラスタ内の平均サンプルサイズは 6.735 である．戦略コミュニケーションの級内相関がマルチレベル分析に適した水準ではなかったものの，タスク志向性と人間関係志向性についてはおおむね許容される水準であった．

12 間接効果は−0.174 で統計的にも1％水準で有意であることが示されている．95％の信頼区間も0をまたがず両側で負であった．

13 組織レベルの成果変数を第三者による評価（戦略質問票でのスタッフ部門の担当者）に変えても，同様の傾向が見られ，リーダーシップに関する部下の認識による媒介効果は，BU 長本人の自己回答よりも強いことが確認できる．

14 間接効果は−0.040 であり，統計的に有意な結果は確認されなかった．

15 カットオフラインは 50 パーセンタイルとなる 384 名に設定した．組織規模小群は BU 内の正規従業員数が 384 名以下の BU であり，組織規模大群は 348 名を上回る BU が含まれている．

16 符号を反転させるのは，ミドル・ロワーの認識が BU 長の自己回答よりも低い場合に，「リーダーシップ認識ギャップ」の値が高くなるように操作するためである．すなわち，「リーダーシップ認識ギャップ」の値が正で高いほど，ミドル・ロワーが BU 長のリーダーシップを認識していないことを意味している．BU 長の自己回答よりも，ミドル・ロワーの認識が高い場合も見られるが，この場合負の値を取ることになる．

参考文献

Bliese, P. D., Halverson, R. R., and Schriesheim, C. A. (2002). Benchmarking multilevel methods in leadership: The articles, the model, and the data set. *The Leadership Quarterly, 13* (1), 3-14.

Bowers, D. G., and Seashore, S. E. (1966). Predicting organizational effectiveness with a four-factor theory of leadership. *Administrative Science Quarterly, 11,* 238-263.

Coleman, J. S. (1986). Social theory, social research, and a theory of action. *American Journal of Sociology, 91* (6), 1309-1335.

Dinh, J. E., Lord, R. G., Gardner, W. L., Meuser, J. D., Liden, R. C., and Hu, J. (2014). Leadership theory and research in the new millennium: Current theoretical trends and changing perspectives. *The Leadership Quarterly, 25* (1), 36-62.

Dyer, N. G., Hanges, P. J., and Hall, R. J. (2005). Applying multilevel confirmatory factor analysis techniques to the study of leadership. *The Leadership Quarterly, 16* (1), 149-167.

Felin, T., Foss, N. J., and Ployhart, R. E. (2015). The microfoundations movement in strategy and organization theory. *Academy of Management Annals, 9* (1), 575-632.

Fiedler, F. E. (1964). A contingency model of leadership effectiveness. *Advances in Experimental Social Psychology* (Vol. 1, pp. 149-190). Elsevier.

Forsyth, D. R. (2018). *Group dynamics*. Cengage Learning.

Gardner, W. L., Lowe, K. B., Meuser, J. D., Noghani, F., Gullifor, D. P., and Cogliser, C. C. (2020). The leadership trilogy: A review of the third decade of the leadership quarterly. *The Leadership Quarterly, 31* (1), 101379.

Gerstner, C. R., and Day, D. V. (1994). Cross-cultural comparison of leadership prototypes. *The Leadership Quarterly, 5* (2), 121-134.

House, R. J. (1971). A path goal theory of leader effectiveness. *Administrative Science Quarterly*, 321-339.

Kerr, S., and Jermier, J. M. (1978). Substitutes for leadership: Their meaning and measurement. *Organizational Behavior and Human Performance, 22* (3), 375-403.

小杉考司・清水裕士 (2014).『M-plus と R による構造方程式モデリング入門』北大路書房.

Oc, B. (2018). Contextual leadership: A systematic review of how contextual factors shape leadership and its outcomes. *The Leadership Quarterly, 29* (1), 218-235.

Osborn, R. N., Hunt, J. G., and Jauch, L. R. (2002). Toward a contextual theory of leadership. *The Leadership Quarterly, 13* (6), 797-837.

Porter, L. W., and McLaughlin, G. B. (2006). Leadership and the organizational context: like the weather? *The Leadership Quarterly, 17* (6), 559-576.

Shondrick, S. J., Dinh, J. E., and Lord, R. G. (2010). Developments in implicit leadership theory and cognitive science: Applications to improving measurement and understanding alternatives to hierarchical leadership. *The Leadership Quarterly, 21* (6), 959-978.

Stogdill, R. M., and Coons, A. E. (1957). *Leader behavior: Its description and measurement*. Ohio State University.

Tosi, H. L. (1991). The organization as a context for leadership theory: A multilevel approach. *The Leadership Quarterly, 2* (3), 205-228.

Wang, H., Tsui, A. S., and Xin, K. R. (2011). CEO leadership behaviors, organizational performance, and employees' attitudes. *The Leadership Quarterly, 22* (1), 92-105.

第 7 章

〈行為システム〉の構成要素と
基本連鎖型

加藤崇徳

1. はじめに

　本章の目的は，〈行為システム〉（沼上，2000）の基本連鎖型を議論することにある．沼上（2000）の〈行為システム〉は，行為主体の意図や解釈が，長期にわたって幾重にも積み重ねられ連鎖していくモデルを解明することに特徴がある．しかし，それゆえに，〈行為システム〉は複雑かつ難解になりやすい．こうした問題意識から，本章は〈行為システム〉における行為の連鎖にはどのような基本型が想定されているのかを議論することで，〈行為システム〉の基本パターンを整理していきたい．

　この目的のために，本章では，まず①〈行為システム〉と，その基本構成要素（行為・解釈（信念）・相互作用（合成）・時間展開）を概観する．その後，②社会科学領域において議論されてきた因果メカニズム論との比較をすることで，法則定立的アプローチが現代でも優勢であり，いまだ〈行為システム〉を探究する意義は失われていないことを指摘する．最後に，③〈行為システム〉の基本構成要素から考えられる「基本連鎖型」と，その典型的な研究事例を説明することで，〈行為システム〉そのものの発展を促すための土壌を整備したい．

2. 説明法としての〈行為システム〉

　〈行為システム〉とは，沼上（2000）によって提起された経営学研究の方法

論である．1970年代に流行した組織のコンティンジェンシー研究に代表される，〈不変のカヴァー法則〉を追求する研究潮流に対して，沼上（2000）は，BoudonやElsterの議論などを踏まえながら，行為主体の解釈や意図を持った行動，相互作用に基づく説明方法の復権とその妥当性を擁護している．

沼上（2000）によれば，経営学研究において，1970年代頃より法則定立的アプローチ，とりわけ〈不変のカヴァー法則〉の探究が支配的となっていった．〈不変のカヴァー法則〉とは，長期にわたって安定的に観察される規則性を意味する．経営学を例にすれば，企業経営において安定的に観測されるパターン（不変法則）を発見し，それらを実務家が「利用」することによって，企業経営をコントロールしていくことが目指されていったのである．

「不変法則」を探究するためには，行為主体の意図や解釈といった「主観的」要素は，規則の安定性を乱すものとして排除し，より「客観的」な原因と結果の変数間関係や因果をどれだけ頑健（ロバスト）に検証できるかがカギとなる．理想的には，他のあらゆる変数が統制された環境下で実験することが望ましく，統制された実験環境に近い検証であるほど妥当な知見だとみなされ，その「不変的法則性」が担保されると考えられてきた．

しかしながら，人間あるいは人間社会を対象とする経営学において，〈不変のカヴァー法則〉は自然環境におけるそれとは根本的に性質が異なっている（沼上，2000）．自然環境とは異なり，社会科学，少なくとも経営学においては，行為主体が社会現象を生み出す主体であり，彼らには反省能力が備わっている．それゆえに，「わかっていたとしても自らの行為を変えることができない」という状況を除けば，行為主体が「規則性」を認識して，その結果として選択される行為が変化したならば，今まで観測されていた「不変法則」は成立しえない．われわれが観察している「法則のような規則性」の大部分は，客観的な法則というよりも，むしろ，行為主体の意図や解釈などの主観的要因が安定的であるがゆえに安定的に生成されている社会現象だと捉えられるべきなのである（沼上，2000）．

〈不変のカヴァー法則〉が安易に受け入れられないのであれば，「不変法則」

を探求する研究アプローチは，その意義が完全に否定されないまでも，不十分なものとなる．それゆえに，沼上（2000）は，行為主体の意図ある行動や解釈などを積極的に取り入れた研究アプローチ，すなわち〈行為システム〉による説明を擁護する．

　〈行為システム〉の基本的な説明図式は，図7-1のように表せる．マクロ変数 M_1 が観察され，その後続いてマクロ変数 M_2 が観察されたとき，マクロ変数 M_1 がマクロ変数 M_2 を引き起こしたと説明するのではなく，マクロを構成するミクロの行為主体にまで分析水準を1段階引き下げて説明する．その際に重要視されることは，行為主体は〈意図を持った主体〉であり，彼らの①環境解釈や②意図ある行動が③合成されることによってマクロ現象が生じる④動態的プロセス（時間展開）を記述することである．

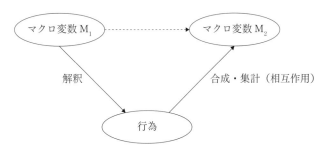

図 7-1　〈行為システム〉の基本説明図式
出所：沼上（2000），p.28，図 2-1 を筆者修正

　ここで，企業多角化（マクロ変数 M_1）と企業業績（マクロ変数 M_2）の関係を例として，〈行為システム〉に基づく説明を試みよう．事業間の関連性が低い多角化（非関連多角化）を行う企業は，企業業績が低いという連関が観察されたとする．〈行為システム〉による説明では，典型的には経営者やマネージャー，従業員などの行為水準に焦点を当てて，このマクロ変数間の連関が生じたメカニズムを読み解いていく．例えば，事業間の関連性が低い企業では，経営者は財務的な基準のみで事業のパフォーマンスを判断するこ

とが最も公正であると判断するようになるとしよう．この経営方針のもとで
は，各事業の担当マネージャー達は，長期的な投資による（一時的）利益減
少は正当に評価されないのではないかと考え，短期的に利益が出やすい戦略
を追求するようになる．この結果として，個々のマネージャーたちは研究開
発費を少し抑制するようになっていく．各マネージャーの判断は，個々人に
とっては合目的的であったとしても，彼らの行為が合成されると，企業全体
として研究開発等の長期投資が過小状態となってしまう．競合他社よりも優
れた製品・サービスを提供する能力は徐々に衰えていき，企業パフォーマン
スが長期的に低下していく．〈行為システム〉による説明は，ミクロの行為
主体に焦点を当て，彼らの解釈や意図，相互作用に注目しながら，企業経営
のメカニズムを動態的に解明していくことを必要としているのである．

3. 〈行為システム〉と近年の因果メカニズム解明論

　本節では，近年の因果メカニズム解明論を検討することで，〈行為システ
ム〉に関して議論することの意義がいまだ失われていないことを指摘する．
前節で概説した『行為の経営学』は，初版からすでに20年以上経過してい
る．本節で後述するように，その間，社会科学において手法的発展があっ
た．こうした手法的発展は，HempelとOppenheimによる演繹的・一般法
則モデル（D-Nモデル）[1]ではなく，因果の生成メカニズム（Goldthorpe,
2001）を重視するという点で，〈行為システム〉と部分的に親和性がある．
それゆえに，この種の手法的発展によって，〈行為システム〉が提起した問
題は「解決済み」とみなされ，あらためて議論することの意義が問われるこ
ともあるだろう．本節では，近年発展した2つの因果メカニズム論を取り
上げ，〈行為システム〉が提起した法則定立的アプローチの限界が克服され
ているかを検討していこう．

(1) 統計的因果推論が目指す因果メカニズムの解明

　第1の因果メカニズム論は，統計的因果推論における因果メカニズムで

ある（Morgan and Winship, 2015）[2]．情報技術等の発達により，大量のデータを入手あるいは分析できるようになった結果として，統計的な因果推論が普及するようになった．近年の社会科学領域における統計的因果推論としては，自然実験が典型的なものの１つであろう．自然実験とは，偶然に生じたイベントを利用して，擬似的な実験状況を再現する手法である．例えば，Angrist（1990）は，ベトナム戦争への従軍経験が退役後の所得に与える影響を分析する際に，従軍者の一部がくじ引きによって決定されていた事実に注目する．単純に従軍者と非従軍者を比較すれば，もともと稼得能力の低い者が従軍志願しやすいという自己選択バイアスなどが考えられるため，所得に与える因果効果を適切に推定することは難しい．それゆえに，誕生日を使ったくじ引き（つまりランダム）によって徴兵が行われていたことに注目して，くじの結果にしたがって従軍した人々の従軍経験が所得に与える影響を検証している[3]．

　自然実験などを利用した統計的因果推論は，原因が結果に対して与える効果を妥当に推論することを目指すけれども，それがどのようにして影響を与えるのかについて明瞭な答えを持っているわけではない．それゆえに，Morgan and Winship（2015）は，Pearl（2009）のフロントドア基準（front-door criterion）をベースとして，統計的因果推論と因果メカニズムの融合を試みる．ここでは，彼らの議論にしたがって，フロントドア基準について簡単に説明することから始めよう．

　図7-2のように，XとYの関係を検証する際，XとY双方に影響を与えている交絡変数Z（いわゆる第3の変数）が存在する場合，社会科学研究者はXとYを疑似相関とみなし，因果関係にはないと判断することが一般的である．経営学研究においても，理論的に想定される統制変数を回帰モデルに投入し，Zの影響を限りなく統制した上でXとYの関係を分析すること

図7-2　交絡変数の影響

が多い．こうした統制変数による因果推定の基準をバックドア基準という．しかしながら，バックドア基準にしたがうと，未知の交絡変数が存在する（≒第3の変数が存在する）限り，XとYの因果効果を適切に検証することは難しい．

これに対して，フロントドア基準とは，未知の交絡変数が存在していたとしても，XとYの因果効果を適切に推定するための基準である．フロントドアでは，XがYに影響を与えるメカニズムを措定し，媒介する経路ごとの因果効果をつなぎ合わせていくことで，XからYへの因果効果を推定する．すなわち，図7-3の場合，①XからM，②MからY，③XからN，④NからYの4つの因果効果をつなぎ合わせることで，交絡変数Zの影響を「回避」することを目指すのである[4]．このフロントドア基準では，上述した4つの個別因果経路それぞれに交絡変数（例えば，XとM 双方に影響を与える交絡変数α）がないこと（孤立性），XからYをつなぎ合わせる因果メカニズムがX → M経路とX → N経路の2つ以外に存在しないこと（網羅性）が求められる[5,6]．

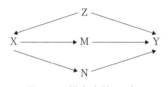

図 7-3　媒介変数モデル

出所：Morgan & Winship (2015)，p.332図10.3より筆者修正

媒介変数を用いたPearlのフロントドア基準では，バックドア基準とは異なり，XとYの間にある因果メカニズムの特定が必要不可欠となる．それゆえに，統計的因果推論における因果メカニズムとは，詳細な媒介変数モデルと同義であるといえるだろう．Morgan and Winship (2015)では，研究分野内において「底」だと考えられている段階まで媒介メカニズムを分解（還元）していく「ボトムアウト」(Machamer et al., 2000) という考え方を提示し，メカニズム的説明と統計的因果推論の融合を図ることができるとしている[7]．

ここまでが統計的因果推論における「因果メカニズム」の基本的な考え方

であり，〈行為システム〉の考え方と大きく異なることは明らかであろう．マクロ変数とマクロ変数の関係を検証するだけではなく，ミクロ変数をメカニズムに組み入れる（≒ボトムアウト）という点で，従来の変数間関係の統計的検証と比較すれば，そのメカニズムの精度が格段に向上していることに疑いの余地はない．しかし，行為主体の意図や多様な解釈は媒介変数へと吸収されてしまい，複数の細かいカヴァー法則が連結された「精緻な」メカニズムが提示されていることから，法則定立的なアプローチに該当すると考えて差し支えないだろう．実際に，沼上（2000）では，図7-4のように，行為主体の意図や解釈を排除し，より詳細な媒介変数へと分解していくアプローチを「メカニズム解明モデルのカヴァー法則モデル化」とみなしており，統計的因果推論における因果メカニズムが不変法則を追求していることを示唆しているように思われる．

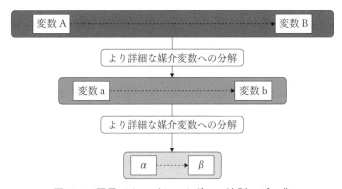

図7-4　因果メカニズムのカヴァー法則モデル化

出所：沼上（2000），p.85，図3-2 (b)

(2)　分析社会学が目指す因果メカニズムの解明

　第2の因果メカニズム論として，分析社会学（analytical sociology）のDBOモデル（Hedström, 2005）に焦点を当てよう．Hedström は，Elster やBoudon, Schelling, Coleman などの影響を受け，統計的関連性を重視する研究に対して，その因果生成プロセス（「なぜ，X が Y を引き起こすのか」）

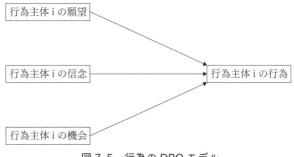

図7-5　行為の DBO モデル
出所：Hedström（2005），p.39，図3.1 より

の意義を強調する．とりわけ，分析社会学においては，科学的な説明は①個人の行為と②相互作用の構造，③ミクロとマクロの連結という3要素で因果メカニズム的に構成されると捉えられており（Hedström, 2005），沼上（2000）の〈行為システム〉と極めて親和性の高い議論をしているといえるだろう．

　Hedström らの分析社会学の基礎には，DBO モデルが存在する．これは，人間の行為は願望（Desire）と信念（Belief），機会（Opportunities）によって説明されるというものである（図7-5）．例えば，スミスさんが今日傘を持っていたということを説明するためには，（B）今日雨が降るという信念を持っていた，（D）濡れたくないという願望を持っていた，（O）傘を持っていたという3要素が必要となる（Hedström, 2005）．

　分析社会学では，DBO モデルにおける相互作用を大きく分ければ2種類想定する．第1に，行為主体間の相互作用であり，願望や信念，機会を媒介として個人間の相互作用を捉える（図7-6）．例えば，自己成就的予言（Merton, 1949）を例にすれば，新型コロナによってトイレットペーパーが品薄になるという信念を有した行為主体jのトイレットペーパー大量購入は，その行為を観察した行為主体iの信念（トイレットペーパーは近い将来品切れになるかもしれない）に影響を与え，行為主体iのトイレットペーパー大量購入を促す．行為主体による行為は，他の行為主体の願望や信念・機会を媒介して彼らの行為に影響を与えることが想定されているのである．

図 7-6　DBO モデルにおける相互作用

出所：Hedström（2005），p.44，図 3.2 より

　第 2 に，願望と信念，機会の 3 要素に関しても，それぞれ相互に影響を
与えることが想定されている．例えば，手に入れられるものを望むように
なったり，手に入れられないものを望まなくなったりする適応的選好（El-
ster, 1983）は，行為主体の信念（手に入らない）によって願望（欲しくない）
が影響を受けたのだと捉えられる．これら 2 種類の相互作用を組み入れる
ことで，これまで社会科学領域で議論されてきた多様な人間行動を説明でき
ることが DBO モデルの強みだといえるだろう．

　実際の調査・分析においては，DBO モデルを基礎として，①サーベイ調
査などを行って得られた現実の計量データ結果と②エージェント・ベース
ト・モデルによるメカニズム・シミュレーション結果とをすり合わせていく
ことで，理論モデルと計量研究との融合を図ろうとする．これを「経験的に
調整されたエージェント・ベースト・モデル（Empirically Calibrated Agent-
based model: ECA）」と呼び，ECA は理論的研究と経験的研究の架け橋にな
ると主張されている（Hedström, 2005）．例えば，Hedström（2005）では，
1990 年代のストックホルムで生じた若年失業率の増加について，ピア効果
に焦点を当てたエージェント・ベースト・シミュレーションモデルを構築
し，各パラメーターの値は実際に行われたサーベイ調査の結果から推定して
いる．これは，理論モデルに対して計量分析の結果を吸収させるやり方であ
る．これに対して，計量分析の結果から理論モデルを構築する手法も存在す
る．Bearman et al.（2004）は，アメリカの高校における交際・性交渉ネッ

トワークがどのようにして生成されるのかについて，実際にサーベイ調査から得られたネットワーク構造を，シミュレーション・モデルで試行錯誤しながら「再現」していくことで，その生成メカニズムを示唆している[8].

　これまで説明してきた DBO モデルあるいは分析社会学は，〈行為システム〉論と比較して，行為主体の内的状態に関する議論が多く，さらにはシミュレーション・モデルによって複雑な相互作用が表現できる点に大きな魅力がある．特に，他者あるいは自らの行為の結果が，さらなる行為を引き起こすフィードバック・ループを利用した動態的なメカニズムを解明できることは，計量的研究に対する事例研究のフラストレーションを一部解消しているように思われる．同じ Boudon や Elster らの知的潮流から刺激を受けた分析社会学と〈行為システム〉は，極めて親和性の高い議論していながらも，微妙に，しかし本質的に異なる立場をとっている．分析社会学において，DBO モデルなどで提示された行為・相互作用という人間行動は，実際のECA ではインプットからアウトプットを産出する規則的行動のパラメーター設計へと変換されており，われわれが他者の行為をどのように解釈し，どのような意図を持つのかという〈行為システム〉が重視する点についての考察は背後に隠されてしまっている．実際に，Bearman et al.（2004）によるECA で再現される因果メカニズムは，それがたとえ計量調査の結果と「一致」したからといって，その妥当性が保証されるわけではないという点は，行為主体に焦点を当てているように見えて，実際にはシミュレーション・モデル内のインプット / アウトプット変換装置として扱っていることを示唆している．

　本節では，統計的因果推論および分析社会学における因果メカニズム論を説明してきた．近年においても法則定立的アプローチが優勢であり，それゆえに〈行為システム〉による行為主体の解釈や意図を重視する研究方法が持つ意義が未だ衰えていないことが確認できただろう．ここで，統計的因果推論や分析社会学のシミュレーション・モデルは全くの無意味だという極端な議論への注意はしておかなければならない．もし統計的な検証が全く無意味だと考えるのであれば，〈行為システム〉はより極端な解釈学的なアプロー

チを擁護していたはずである．しかし，〈行為システム〉は，変数間関係の
検証を否定はしてはおらず，これまで〈行為のシステム〉で記述していた研
究が変数間関係の検証へ吸収されていったことに対する問題提起と，〈行為
システム〉の復権にネライがある．それゆえに，われわれに求められること
は，急速に技法的洗練を遂げている計量的手法を拒絶するのではなく，むし
ろ積極的に理解しつつ，それらを〈行為のシステム〉として再解釈していく
ことなのである．

4.　〈行為システム〉の基本連鎖型

　前節で議論したように，近年の社会科学における技法的な洗練は，法則定
立的アプローチを重視しており，それと対立する〈行為システム〉は未だ議
論する価値を有しているように思われる．

　それにもかかわらず，〈行為システム〉そのものの議論は，これまで十分
に深まってはこなかったように思われる．説明法としての〈行為システム〉
が最も得意とする「意図せざる結果（unintended consequences）」について
の議論（足代，2011）や，意図せざる結果を利用した「間接経営戦略」につ
いての議論（水越，2006）は少数ながら存在する．しかしながら，〈行為シ
ステム〉そのものは，「意図を持った行為主体間の相互作用に注目した研究
アプローチ」といった水準の説明にとどまっている．

　その結果として，結局のところ，〈行為システム〉は，主に定量研究に対
する事例研究法の擁護として扱われることになった．しかし，〈行為システ
ム〉と同じように事例研究法を擁護する立場の中にも，不変法則の確立を目
指すものも存在する．例えば，Eisenhardt（1989）は，先行研究では説明で
きない新しい理論を構築する方法として，比較事例研究法の優位性を説く
が，比較事例研究によって生み出された理論は，仮説検証型の実証研究に
よって確かめられることが望ましいとしている．すなわち，法則定立的アプ
ローチの準備段階として，事例研究が有用であることを示唆している．この
ことからもわかるように，事例研究法の擁護としてのみ〈行為システム〉を

扱うことは不十分と言わざるをえず，〈行為システム〉の発展は事例研究法の発展とはパラレルにはならないだろう.

　〈行為システム〉そのものの議論を促すために必要なことの1つは，DBOモデルのように，その「基本型」のようなものを整理しておくことだろう[9]. これまで議論してきたように，説明法としての〈行為システム〉は，行為主体の解釈・行為・相互作用の3要素が時間経過とともに連鎖していくメカニズムの解明を行う. しかしながら，それゆえに，説明法としての〈行為システム〉は，複雑で難解になりやすいきらいがある[10].

　本節では，〈行為システム〉の説明における基本連鎖として，①解釈と行為，②行為と相互作用，③相互作用と解釈の3つに分け，沼上によって行われたそれぞれの典型的な研究例を紹介する[11]. これによって，説明法としての〈行為システム〉の複雑性を1段階下げ，どのような研究が〈行為システム〉に寄与しうるのか検討することにしたい.

(1)　解釈と行為：解釈（信念）の変化

　行為主体の環境解釈と行為は，〈行為システム〉を構成する基本連鎖の1つである. ここでは他の行為主体との相互作用がもたらす影響が大きくない状況を想定しておこう. したがって，システム全体の挙動を解明するわけではないものの，解釈と行為を繰り返していく中で行為主体が変化（学習）していくことに焦点を当てていく.

　意図を持った行為を繰り返していくことで，行為主体の持つ信念が変化していくという基本連鎖型は，沼上（2003）においても「実践家は因果的連関に関する信念を持って事象に介し，その行為者性の発揮によって生起する現象を信念に基づいて解釈しながら学習を進め，次の因果的連関に関する信念を形成していく」プロセスとして表現されており，反省的学習がカギ概念の1つとして用いられている.

　自然環境とは異なり，人間社会で生じる現象は，行為主体が観察する現象であるとともに，彼ら自身が創り出した現象でもあるという二面性を有している（Habermas, 1963; Giddens, 1984）. とりわけ企業経営においては，多

くの組織メンバーが「こうすれば会社は良くなるはずだ」という信念を持って行為し，その帰結を組織メンバー自身が観察し，彼らの信念を強化したり修正したりしているため，私的な社会集団よりもこの種の反省的学習が色濃く出やすい．

　ここでは，沼上（2003）による過剰分権化の思考実験を例にして，行為を通じた絶えざる信念の変化（修正や強化）を見ていこう．過剰分権化とは，「組織内の権限委譲は高い組織成果をもたらす」という信念が組織メンバーに共有されているために，分権化が組織に悪影響をもたらしている状況にもかかわらず分権化がより強化されるという自己強化的な現象例である．

　一般に，組織が分権化するほど組織成果は向上するといわれている．これは，①複雑な環境下における作業の効率性向上と，②組織メンバーの自由度が増すがゆえのモチベーション向上という 2 つの理由が存在するとしよう．実際に，環境が複雑になり集権的な組織体制では情報処理能力が不足している場合，組織の分権化によって組織の成果は高まり，そして分権化と組織の成果が高まりを観察した実践家は，この信念をより強化する．しかしながら，分権化の程度が高くなるほど，作業の効率性と個人の自由度が無限に高まりつづけることはない。言うことを聞かせられない裁量度の高い個人が増加していくことで組織内の協働が困難になり，むしろ個人の自由度が制限されるという潜在的逆機能も同時に存在する．こうした潜在的逆機能は，分権化の程度が低いときには意識されづらく，原因を組織内で聞いても「個人の自由度が低い」という回答が得られやすい．それゆえに，組織の成果が下がったときに，「個人の自由度を高める分権化」が経営施策として採用されやすく，組織は分権化から簡単には抜け出せなくなっていく．

　こうした自己強化プロセスは，完全に合理的な行為主体あるいは「神の視点」から見れば，生じえない．われわれが自らの信念を持って行為し，その帰結を観察して学び，さらなる信念を持って次の行為をするという反省的な学習プロセスが生み出すものである．行為主体の信念と行為の相互作用は，〈行為システム〉を構成する基本連鎖型の 1 つであり，行為主体の学習に関する議論は，〈行為システム〉の発展に寄与するだろう．

(2) 行為と相互作用：意図を持った行為主体間の相乗効果

　行為主体がそれぞれの意図を持って行為をしたとき，それ単独で現象を引き起こすのではなく，多くの行為主体の行為が複雑に絡み合って現象が引き起こされることがある．例えば，Schelling（1978　邦訳 2016）では，たとえ白人と黒人が隣り合って居住することに抵抗がなかったとしても，極端な人種的少数派になることを嫌うという条件の下では，白人と黒人の居住地が徐々に分離していくというモデルを示している．すなわち，ミクロの行為とマクロの挙動は必ずしも一致せず，社会的な相互作用の結果として，行為主体の意図とはかけ離れたマクロ的帰結が生じることがある[12].

　〈行為システム〉における行為と相互作用は，機械的な相互依存関係の解明というよりも，システムの構成単位である人間がそれぞれ意図を持った状態での相互作用に注目した基本連鎖型である．例えば，Thompson（1967）が分類した相互依存関係の類型（共有的相互依存関係・順序的相互依存関係・相互作用的相互依存関係）において，本社と各事業部の関係は共有的相互依存関係に近い[13].　このとき，共有的相互依存関係は，それぞれの独立性が高く，もっぱら自分達の仕事をしていれば良いという非常に単純な相互依存関係であるとされる．しかしながら，同一企業内部において，他者を全く観察せずに自身の振る舞いを決めることは難しい．社内の他事業部がライバル企業から市場シェアを大きく奪ったという報せを聞けば，人間は何かしらの感情を持ってしまう．すなわち，われわれは社会的真空状態に置かれていない限り，どうしても他者の影響を受け，それゆえに意図にも変化が生じる．

　Numagami（1996）の「柔軟性の罠」は，柔軟な取引システムよりも固定的な取引システムの方が技術転換に素早く対応できるという直観に反する事例を基にして，意図を持った行為主体の相互作用がもたらすマクロ的な帰結を分析している．より具体的には，LED（発光ダイオード）ウオッチからLCD（液晶ディスプレイ）ウオッチへの技術転換のタイミングが事例として挙げられている．技術転換が予期されたとき，供給業者の変更や事業売買が容易には行えない固定的取引システムでは，早めに新技術（LCD ウオッチ）

への投資を開始しなければ将来的な競争に負けてしまう．このとき，固定的取引システムに属する多くの企業が，「同様の意図（早めに新技術への投資をする）」を有していると，当初予想していた技術転換の時期よりも早く，かつ多くの新技術投資が行われ，結果として新技術の転換が早まっていく．これに対して，供給業者や事業売買が容易である柔軟な取引システムにおいては，予想される技術転換の時期に合わせて新技術への投資を開始することが合理的だと考えられるから，多くの企業が予想された技術転換の時期に新技術への投資を開始する．この結果として，産業全体の新技術への投資は過小傾向となり，新技術への転換時期に若干の遅れが生じる．

　上述した「柔軟性の罠」では，技術転換のタイミングに関する意図を有する企業が，それぞれの合理性にしたがって行為し，その行為が合成された結果として意図せざるマクロ的帰結を生み出している．〈行為システム〉による行為と相互作用の連鎖は，意図ある行動とその合成に関する議論によって深まっていくだろう．

⑶　相互作用と解釈：スキーマの彫琢

　われわれは自分自身の行為を反省的に学ぶとともに，他者との関わりからも学ぶことができる．それゆえに，〈行為システム〉における基本連鎖型の1つとして，他者との相互作用を通じて，行為主体の解釈・信念が影響を受けるものが挙げられる．こうした考え方は，一見すると当然のように思われるかもしれない．しかしながら，行為主体の信念あるいは選好は固定的ではなく，他者と関わり合う中で絶えず変化していくという考え方は，主流な地位を占めているとは言い難い側面もある．

　例えば，Hayek（1964）は，市場において何が優れた技術なのか，どのような特徴を持った製品が消費者に好まれるのかといった知識は，他の企業との競争を通じて「発見」されていくのだと考えている．オーソドックスなミクロ経済学的競争観では，経済主体の信念・選好は事前に明確であり，市場の競争とは，優れた製品や企業が生き残っていく選択淘汰のプロセスとみなされている．こうした競争観では，他者・他社との相互作用は，お互いの優

劣を決めるだけのものであり，行為主体の知識や信念もその優劣が決定されていくだけである．これに対して，Hayek は，他者・他社との相互作用を通じて，行為主体の知識や信念は絶えず更新されていくと考えている．

沼上ほか（1992）では，前述した Hayek の競争観を援用し，企業間の戦略的な相互作用によって，戦略スキーマが彫琢されることを論じている．戦略スキーマとは，「新たな製品コンセプトを作る際に戦略策定者あるいは戦略策定を行う一群の人々が準拠する思考の枠組み」（沼上ほか，1992）を意味し，新製品開発に関する信念と考えて差し支えないだろう．より具体的には，1970 年代の電卓産業において，薄型化による差別化を志向して新製品を開発していたシャープと，多機能化による差別化を志向していたカシオが，電卓市場でお互いの製品やその製品の売れ行きを観察（＝市場を通じた「対話」）することで，お互いの戦略スキーマを彫琢していった．これは，企業間の相互作用によって，製品開発についての信念が修正されていったことを意味する．もし市場競争が単なる選択淘汰のプロセスであったならば，どちらの戦略スキーマが「優れている」のかが決定されていくプロセスとしてしか理解されないものの，市場競争を発見のプロセスと考えれば，相互作用を通じた信念の修正を理解できるようになる．

戦略スキーマが彫琢されていく例からもわかるように，〈行為システム〉においては，行為主体間の相互作用によって，行為主体の解釈や信念そのものが影響をうけていく．他者との関わりによって行為主体が変化していく議論は，〈行為システム〉の発展を促すように思われる．

(4) 〈行為システム〉を議論するために

本節では，沼上の研究を例にしながら，行為主体の解釈・行為・相互作用の 3 要素が時間経過とともに連鎖する際の基本型を 3 つ議論してきた．全体としての〈行為システム〉では，この基本型がさらに連鎖していくため，より複雑な描写になるものの，〈行為システム〉の記述を構成するパターンをある程度は整理できただろう．今後，〈行為システム〉そのものの議論が深まっていくためにも，〈行為システム〉を単なる事例研究法の擁護として

のみ扱うのではなく，行為主体の解釈・行為・相互作用がどのように連鎖するかに関する知見が蓄積されていくことが望ましいのではないだろうか．

5．まとめ

　本章では，主に3つのことを議論した．第1に，〈行為システム〉の概略を説明した．〈行為システム〉では，社会における〈不変のカヴァー法則〉を探求する代わりに，行為主体の解釈・行為・相互作用の3要素が時間経過とともに連鎖していくメカニズムの解明を行うことに特徴がある．第2に，初版から20年以上経過した〈行為システム〉をあらためて議論する意義を検討した．より具体的には，統計的因果推論と分析社会学における因果メカニズムと比較しながら，社会におけるメカニズムの解明を同じように目指しながらも，法則定立的アプローチを採らない〈行為システム〉を議論することの意義が失われていないことを指摘している．第3に，〈行為システム〉の基本連鎖型を描写した．〈行為システム〉を議論する価値は失われていないものの，方法としての複雑さから，主に事例研究法の擁護として〈行為システム〉は扱われるようになった．それゆえに，〈行為システム〉そのものの議論や発展を促すためにも，行為主体の解釈・行為・相互作用の3要素が時間経過とともに連鎖していく際の基本型を整理して説明してきた．これらの作業によって，〈行為のシステム〉は事例研究法の擁護としてだけではなく，より豊富で多様な議論と接続し，その発展が促されるだろう．

注

1　D-Nモデルでは，ある出来事が科学的に説明されるとは，それが一般的な法則に包摂されたときを指す．この一般法則とは，例えば①「すべての事業多角化は営業利益率が低くなる」という言明である．こうした一般規則をもとにして，②「A社は多角化企業である」という観察結果（個別的事例）が得られた場合，③「したがって，A社は営業利益率が低くなる」という演繹的帰結が導かれる．これがD-Nモデルの説明形式であり，D-Nモデルにもとづく社会研究では，社会における強固な一般法則を発見することが目的であり，典型的な法則定立的アプローチだといえよう．

2 社会科学方法論の発展についての文献選定については，井頭昌彦「各個別分野における
社会科学方法論の文献レビューについて」（https://www.soc.hit-u.ac.jp/~methodology/
about.html，参照 2022-03-21）を参考にした．

3 くじによらず従軍した人や，くじの結果によらず従軍しなかった人々も存在する中
で，くじの結果として従軍した人々に限定した平均的な因果効果を推定しているた
め，「局所平均処置効果（Local Average Treatment Effect: LATE）」と呼ぶ．

4 観察不可能な交絡変数を無視しても因果効果を推定できるという考え方自体が，〈行
為システム〉の視座とは相容れない可能性もある．われわれが想定してもいなかった
交絡変数の存在こそ，意図せざる結果を生み出す源泉になりえるからである．

5 ここではフロントドアの基本的な考え方を説明しており，より具体的な数学的推定に
ついては Pearl（2009）を参照せよ．

6 Pearl（2009）のフロントドア方略は，社会科学者が一般にバックドア基準を想定して
いることを考えれば，非常に独創的であるものの，媒介変数 M，N が測定されなけれ
ばならないという実践上の問題もある．経営学研究において，統計的検証時に媒介変
数が設定されない場合，それはバックドア基準を好んでいるというよりも，詳細な媒
介変数が研究実践上入手できないという事情もあると思われる．例えば，企業多角化
と企業パフォーマンスの関係を推定する際に，その媒介メカニズムは企業内部の変数
にならざるを得ない．そして，そうした企業内部変数は，公表された財務情報から観
察できる多角化の程度やパフォーマンスと比較にならないほど入手可能性が低いだろう．

7 「ボトムアウト」の基準は分野相対的であるとされている．それゆえ，経営学の領域
で考えれば，大脳生理学や神経科学の一歩手前である「個人の心理」にまでメカニズ
ムを還元していくことが妥当な水準ではないだろうか．

8 これら 2 つの研究概要についてのより詳細な説明は，打越・前嶋（2015）を参照されたい．

9 多くの手法的な方法論と比較すると，認識論・存在論的な立ち位置を明確にしている
〈行為システム〉においては，社会科学の哲学における議論を進展させることも重要
である．しかし，本章ではそこまでは立ち入らず，〈行為システム〉が想定している
基本型を提示し，多くの研究との接合を目指すにとどめたい．

10 〈行為システム〉では「意図せざる結果」の探究を重要視することも複雑性を高めてい
る一因でもある．意図せざる結果を探究する研究では，単純な X → Y の因果メカニ
ズムにはなりえず，想定する構成概念が 3 つ以上になりやすい．

11 3 つの研究例は，典型例ではあるが理念型ではないため，他の連鎖型の要素も若干な
がら混在する．

12 こうした動学的シミュレーション・モデルは，複雑な行為主体間の相互作用がもたら
す帰結を鮮やかに示すことが出来るという点で大変有用なものである．ただし，前項
で議論したように，行為主体の信念は反省的学習によって変化していくことを考えれ
ば，行為主体の信念に関するパラメーター設計はより動態的に複雑なものが要求され

る可能性がある．

13　本社と事業部間の関係は，シナジー創出を目指して事業部間の相互作用を重視するほ
　　ど，純粋な共有的相互依存関係であるより相互作用的相互依存関係の要素が強く出る
　　と思われる．

参考文献

足代訓史（2011）．「経営学における『意図せざる結果』研究の現状と課題：沼上（2000）
　　以降の到達点」『Informatics』*4*（2），17-29.

Angrist, J. (1990). Lifetime earnings and the Vietnam era draft lottery: Evidence from
　　social security administrative records. *American Economic Review, 80,* 313-335.

Bearman, P. S., Moody, J., and Stovel, K. (2004). Chains of affection: The structure of
　　adolescent romantic and sexual networks. *American Journal of Sociology, 110* (1),
　　44-91.

Eisenhardt, K. M. (1989). Building theories from case study research. *Academy of
　　Management Review, 14* (4), 532-550.

Elster, J. (1983). *Sour grapes.* Cambridge University Press.

Giddens, A. (1984). *The constitution of society: Outline of the theory of structuration.* Polity.

Goldthorpe, J. H. (2001). Causation, statistics, and sociology. *European Sociological Review,
　　17,* 1-20.

Habermas, J. (1963). *Theorie and praxis: Sozialphilosophische studien.* Neuwied（清水多
　　吉・木前利秋・波平恒男・西阪仰訳『社会科学の論理によせて』国文社，1991 年）.

Hayek, F. A. (1964). *Individualism and economic order.* Routledge & Kegan Paul LTD（田
　　中真晴・田中秀夫訳『市場・知識・自由：自由主義の経済思想』ミネルヴァ書房，
　　1986 年）.

Hedström, P. (2005). *Dissecting the social: On the principles of analytical sociology.*
　　Cambridge University Press.

Machamer, P., Darden, L., and Craver, C. F. (2000). Thinking about mechanisms. *Philosophy
　　of Science, 67,* 1-25.

Merton, R. K. (1949). *Social theory and social structure.* Free Press（森東吾・森好夫・金沢
　　実・中島竜太郎訳『社会理論と社会構造』みすず書房．1961 年）.

水越康介（2006）．「マーケティング的間接経営戦略への試論：意図せざる結果の捉え方に
　　ついて」『組織科学』*39*（3），83-92.

Morgan, S. L. and Winship, C. (2015). *Counterfactuals and causal inference* (2nd ed.).
　　Cambridge University Press.

Numagami, T. (1996). Flexibility trap: A case analysis of U.S. and Japanese technological
　　choice in the digital watch industry. *Research Policy, 25,* 133-162.

沼上幹 (2000).『行為の経営学：経営学における意図せざる結果の探究』白桃書房.

沼上幹 (2003).「組織現象における因果的連関・信念・反省的学習：組織の分権化を題材
として」『組織科学』*37* (2), 4-16.

沼上幹・淺羽茂・新宅純二郎・網倉久永 (1992)「対話としての競争：電卓産業における
競争行動の再解釈」『組織科学』*26* (2), 64-79.

Pearl, J. (2009). *Causality: Models, reasoning, and inference* (2nd ed.). Cambridge
University Press (黒木学訳『統計的因果推論：モデル・推論・推測』共立出版,
2009 年).

Schelling, T. C. (1978). *Micromotives and macrobehavior.* Norton (村井章子訳『ミクロ動機
とマクロ行動』勁草書房, 2016 年).

Thompson, J. D. (1967). *Organization in action: Social science bases of administrative
theory.* McGraw-Hill (大月博司・廣田俊郎訳『行為する組織：組織と管理の理論に
ついての社会科学的基盤』同文舘出版, 2012 年).

打越文弥・前嶋直樹 (2015)「社会科学におけるメカニズム的説明の可能性：因果生成プ
ロセス解明に挑む分析社会学」『書評ソシオロゴス』*11* (1), 1-28.

第8章

複層的事例研究の方法と実例

島本　実

第1部　複層的事例研究の方法

1.　はじめに

　本章は，事例研究の方法として複層的事例研究を提唱することを目的としている．複層的事例研究とは，単一事例に対して複数の事例研究を行うものであり，それによって1つの視点からでは得られにくい知見を得ることが可能になる．本章は第1部でその方法と理論的な根拠を示し，第2部でそれを用いた実際のケーススタディを提示する．

　複層的事例研究のアイデアは，G. アリソンの『決定の本質』から得たものである[1]．同書は，合理的行為者モデル（以下，合理モデル），組織過程モデル（同，組織モデル），官僚政治モデル（同，政治モデル）の3つを用いて，キューバ危機という単一事例を複数のモデルで研究した．同書は国際政治学の研究として知られているが，その方法は経営学などその他の社会科学に対しても応用可能なものである．

　本章の主張は，以下の3点にある．

　第1に，本章は社会科学における方法論をめぐる議論に基づいて，3モデルの理論的な根拠を示す．具体的には，アリソンの3モデルを，ボールディングのシステム階層モデル，およびエルスターの因果的・機能的・意図的説明と関連付け，3モデルの背後に経済学，機能主義社会学，解釈的社会学の3つのアプローチがあることを示す．

　第2に，本章は社会科学の歴史をたどることにより，これら3つのアプローチが成立した経緯をたどり，自然科学における物理学や生物学，人文科学における哲学の成果が，現在の社会科学の方法論に影響を与えてきた経緯を概観する[2].

　第3に，本章は，3モデルを用いて，実際に国家プロジェクトの事例を分析する．その際には，とくに当事者の意図（行為に付与される思念された意味）に注目することから有益な洞察が得られることを示す．社会現象に自己言及性があることを考えれば，ある現象がなぜ生じたかを説明する際には，当事者の意図を理解することが有益である．さらに，社会現象は複数の人間による行為の合成の結果であるので，個人の意図通りになるとは限らない．この点に留意するならば，複数の人間の意図を理解しつつ，彼らの行為が合成して意図せざる社会現象を生み出しているメカニズムを解明することが重要になる[3].

　複数の事例研究を通じて，こうした意図せざる結果を解明することは，人間が現状を反省し，より良き社会への変革の可能性を構想するための指針となる．複層的事例研究はそのための複眼的な思考の基盤を提供するものである．

2. 複層的事例研究とは：アリソンの3モデル分析

　アリソンは『決定の本質』の中で，1960年代，世界を核戦争の寸前に追い込んだキューバ危機を題材に，それが (1) なぜ生じたか，(2) なぜ米国は海上封鎖で対抗したか，(3) なぜ最終的にソ連が撤退したか，という複数の問いを立て，それらを3つのモデルを用いて分析した．

　アリソンの3モデルのポイントは以下の通りである[4].

　第1の合理モデルは，政府の政策を理解するための方法として，個人の合理的行動や合目的的行為からの類推を用いるものである．このモデルでは，政府の政策は，統一された政府の合目的的な行為であるとされる．それを説明・予測するということは，計算に基づいて合理的に行動する個人を仮

定し，その者が特定の目的や目標に照らして，ある状況のもとでなすべき合理的なことが何であるかを計算することである．

　第2の組織モデルは，合理モデルで行為や選択と呼ばれていたものが，実は規則的な行動様式に従って機能している巨大組織の出力であると考えるものである．このモデルによれば，政府の政策は，単一者の選択のレベルではなく，実際には組織の出力として最終的に現れる．この出力が組織の特徴や手続きやレパートリーによって生み出されるとするならば，組織は自立した1つのシステムであり，個々人の意図とは異なる挙動を示すことがある．このモデルで政策を説明することは，行為を生み出す組織的行動パターンを示すことである．

　第3の政治モデルは，合理モデルでは合理的選択，組織モデルでは組織的出力とされていた政府の政策を，政治的な駆け引きの派生的な結果として説明しようとするものである．このモデルにとって政策を説明することは，当該の行為を生み出した人が誰で，その人に対して誰が何をしたかを見いだすことである．政策の将来を予測するためには，プレイヤー間の討議を通じた互いの説得や，その際のレトリック，さらには他の主要プレイヤーとの同盟や，世論を含む第三者へのアピール等に注目することが重要になる．

　アリソンの研究では3つのモデルの理論的根拠については，必ずしも十分に明示されていなかった．そこで本章は，社会科学で議論されてきた方法論を手掛かりにその根拠を示したい．本章の第1部の結論を先取りするなら，それは，合理モデルは経済学と，組織モデルは機能主義社会学と，政治モデルは解釈的社会学とそれぞれ関わりがあるということである．これらの3モデルで，同一事例を分析することによって，1つの事例を，現象を観察する際の代表的な複数の視点から分析することが可能になるのである．

3.　世界の複層的認識

　ここでは社会科学の方法論に関わる議論において，科学の対象となる社会現象には自然現象と連続的に接続された階層性があり，さらにその階層に適

した適切な説明方法があると主張する学説を紹介する.

(1)　ボールディング：システムの9階層モデル

　その第1のものは，ボールディングのシステムの9階層モデルである．これは世の中のあらゆる現象をシステムという考え方から整理し，そこに階層性が存在していることを指摘している．表8-1は，各階層が具体的に何を指すのかを示している．

　同論文によれば，システムは単純なものから複雑なものへ階層をなしている．最下層の第1から第3階層までは主として物質，第4から第6階層は生物，第7から第9階層は人間や社会を対象にしている．

　この表において，第1から第6階層は自然科学の対象であり，人間はその外部に立つ観察者である．そこでは一般に実験や観察が，その対象の世界の因果法則を知るために有用である．第3と第4階層の境界付近が，物質と生命の分岐点となっている．生命現象はきわめて複雑なため，物理学のような要素還元的な説明ができない場合には，機能的あるいはシステム的な説明に依存せざるを得ない[5]．さらに，第6と第7階層の境界での反省的な自己意識の有無が，動物と人間を分け隔てている．第7階層以上では，人間は観察者でもあり，同時に観察される対象でもある．そうした自己言及性をもつ研究対象に対しては，次項で説明するように，人間の行為に対する意図的説明が有効になる．

　ボールディングは同論文中で明言していないが，このシステムの階層という発想は，ヘーゲルの『エンチュクロペディー』と酷似している．それは表8-2からも明らかである．

　ヘーゲルは同書において，世界を把握する概念の展開を自己発展する運動と捉えた．これは歴史を，主観の先天的な形式が自己発展するプロセスとして説明することで，後述のカントによる主観と客観の二元論を克服し，認識論と存在論を統一する枠組みを示すものであった．ボールディングの9階層モデルは，ヘーゲルの構想したこの哲学体系を，一般システム論に基づいて読み替えたものだといえる．

表 8-1　ボールディングのシステムの 9 階層モデル

階層	特徴	例	対象
9　超越的：複雑性の特定化できないシステム	「不可避的な知り得なさ」	形而上学 美学	社会現象の意味世界
8　社会組織：多頭システム	価値システム 意味	企業 政府	
7　人間：象徴処理システム	自己意識（Self-consciousness） 生産，吸収，シンボル解釈能力 時間経過の感覚	あなた わたし	
6　動物：内的イメージをもつシステム	可動性 自己認識（Self-awareness） 特化した感覚受容器 高度に発達した神経システム 知識の構造（イメージ）	犬 猫 象 鯨やイルカ	有機的システムの機能的再生産
5　発生論的：自己複製成長システム	分業（細胞） 区別されており相互作用するパーツ 「設計図」にしたがった成長	植物	
4　オープン・システム	自己維持 物質のスループット エネルギーのインプット 再生産	細胞 河川 炎	
3　コントロール・システム	自己制御 フィードバック 情報伝達	サーモスタット ホメオスタシス オート・パイロット	
2　クロックワーク	サイクリカルなイベント 単純な規則的な（規制された）動き 均衡もしくはバランス状態	太陽系 単純な機械（時計，滑車） 経済学の均衡システム	物理現象の合理的因果関係
1　フレームワーク	ラベルとターミノロジー 分類システム	解剖図 地理の一覧 インデックス カタログ	

出所: Boulding (1956) をベースにして，Pondy and Mitroff (1979)，沼上 (2000)，Hatch and Cunliffe (2006)，Blaschke (2008) が補足を加えたものから筆者作成[6]．最右列は筆者による分類．

164

表8-2　ボールディングとヘーゲルとの対応関係

ボールディング「一般システム理論」	ヘーゲル『エンチュクロペディー』	
9　超越的：複雑性の特定化できないシステム	絶対的精神（芸術，啓示宗教，哲学）	精神哲学
8　社会組織：多頭システム	客観的精神（法，道徳性，人倫（家族，市民社会，国家））	精神哲学
7　人間：象徴処理システム	主観的精神（心，意識，精神）	
6　動物：内的イメージをもつシステム	動物的な有機体	
5　発生論的：自己複製成長システム	植物的な自然	自然哲学
4　オープン・システム	地質学	自然哲学
3　コントロール・システム	物理学（光，元素，音，熱，電気等）	
2　クロックワーク	力学（時間と空間，物質と運動等）	
1　フレームワーク	論理学（有論，本質論，概念論）	論理学

出所：筆者作成[7].

(2)　エルスター：因果的・機能的・意図的説明

　ボールディングの階層性と類似の発想をもつが，これをより単純な3層にし，対象ごとの現象の説明方法との関係を図示したものがエルスターの3×3の分類である.

　エルスターの表では，x軸に，物理学，生物学，社会科学が，y軸に，因果的説明，機能的説明，意図的説明が置かれている．x軸上の項目は学問分野であり，y軸上の項目はそれらに適した説明とされる．それぞれの項目の交点にあるセルには，各学問分野別にどのような説明の仕方が適切であるか否かが記されている．この表では，物理学を含む全てに対し因果的説明が，それに加えて生物学には機能的説明が，社会科学には意図的説明が対応している.

　先のボールディングの図式と併せて考えれば，この図における物理学の対象は第1から第3階層，生物学の対象は第4から第6階層，社会科学の対象は第7から第9階層のシステムに対応している．この表は，システムの階層によって，使用すべき適切な説明方法が異なることを示したものである[8].

表 8-3　エルスターの因果的・機能的・意図的説明

	物理学	生物学	社会科学
因果的説明が適用できるか？	1.　はい	4.　はい	7.　はい
機能的説明が適用できるか？	2.　いいえ	5.　はい	8.　？
意図的説明が適用できるか？	3.　いいえ	6.　？	9.　はい

出所：Elster (1983), 17 頁を一部簡略化[9].

　以下では議論を社会科学に限定することとし，物質や生物に関わるシステムそのものについては考察の対象外とする．以下では社会現象に対する因果的説明，機能的説明，意図的説明の妥当性とそれぞれの限界について考えてみたい．

　社会現象を第 1 から第 3 階層の現象に適した認識枠組に基づいて分析することは，いわば社会を物質と考え，物理的な分析対象として把握することを意味している．同様に，これを第 4 から第 6 階層の現象に適した認識枠組に基づいて分析することは，いわば社会を生物（あるいは何らかの機能を果たすシステム）と考え，生物的なあるいは機能的・システム的な分析を援用して分析することを意味する．

　詳細は次節に譲るが，社会科学の成立の歴史を振り返ってみれば，このような物理的に社会を把握するアプローチが経済学を形成し，生物的に社会を把握するアプローチが社会学を生み出してきた．そのため物理学と経済学，社会学と生物学の間には，現象の認識の方法に類似性があるのである．

　同様な試みの最後のものとして，社会現象に対して第 7 から第 9 階層に対する認識枠組で分析するものを，以上のような生物学に由来する機能主義社会学とは区別して，解釈的社会学と呼ぶことにしよう．これは意図に基づく説明によって，人間の意味世界を主観的に了解しつつ，社会現象の因果関係を説明するものである．社会学において，その嚆矢となったものがウェーバーの理解社会学であり，それを方法論的に基礎づけ，精緻化しようとする

166

図8-1　エルスターとアリソンの分類の対応関係

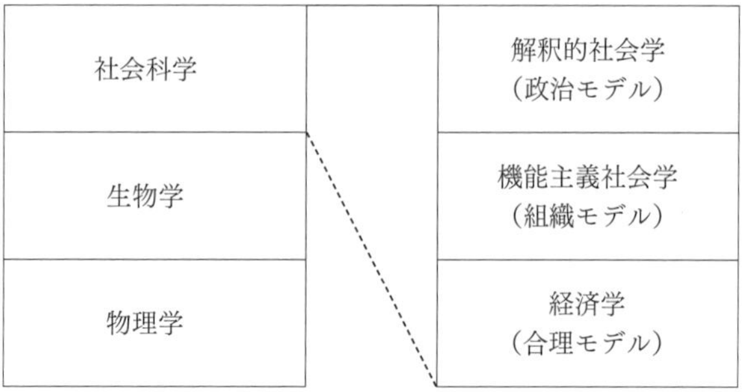

社会科学	解釈的社会学 （政治モデル）
生物学	機能主義社会学 （組織モデル）
物理学	経済学 （合理モデル）

出所：筆者作成.

試みが，その後の様々な意味に関する社会学研究の流れを生み出した．詳細については次節で扱うが，ここには人間の意識やその意味世界を，自然科学の対象とは異なるものとして特権的に取り扱う視座がある．

　以上のように，エルスターの分類における物理学には経済学，生物学には機能主義社会学，社会科学には解釈的社会学が対応している（図8-1）．

　以上，アリソンの3モデルの理論的根拠について説明した．以下ではこれらのアプローチがいかにして生まれてきたのかを明らかにするために，社会科学の歴史をたどることにする．

4．自然科学方法論の社会科学への採用

　以下では，まず経済学および社会学について，それぞれ物質や生物に対する学問的なアプローチが社会現象に適用されたことで成立したことが説明される．これは社会科学の方法論の中に，自然科学の方法が写し取られてきたことを示している．その後，社会学は哲学の発展の影響を受けて，機能をめぐる実証科学と，意味をめぐる人文科学的アプローチに分岐したことが示される．

(1)　物理学と経済学（第 1 から第 3 階層）

　社会科学は自然科学の成功に大きな影響を受け，それを社会現象に適用することを目指してきた．その第 1 の変化は 17 世紀の科学革命にあった．この時期，ガリレオ，ケプラー，ニュートンによって，物理学や天文学は目覚ましい発展を遂げた[10]．その強みは，正確な観測や実験と，数学によるその定式化にあった．これを数学的自然科学に基づく「ガリレオ的世界観」と呼ぶことにしよう[11]．自然の法則の解明は，人間や社会の法則の解明を促し，またその際には，物体の運動が法則に従うように人間や社会も法則に従うものと考えられた．その考え方に基づけば，個人の行動も社会の組織のされ方も，同じく神のつくったものであるならば，自然法則に類似したもののはずであった．そのため自然科学で威力を発揮した物理学や天文学の要素還元主義に倣って，社会を分析する際にも方法論的個人主義が使用されることは自然であった．それは人間も物体が合理的に運動するように，自分の効用や満足を最大化するように合理的に振る舞うという功利主義的な考え方となった．たしかに人間が日常において経済合理的であろうとすることは，自分の胸に手を当ててみれば容易に了解できることである[12]．

　揺籃期の経済学は倫理学と一体化していたが，それは次第に分離していった．アダム・スミスも『道徳感情論』において共感（sympathy）など倫理の重要性を主張していたが，経済学の発展とともに倫理的な側面は次第に看過されていった．スミスの見えざる手の考え方も，自己の利益の追求が経済全体の利益を増加させるものであり，市場メカニズムが価格をシグナルにして需要と供給を均衡させることを示しているものと理解された．こうして経済学は，時代とともに合理的な個人という人間仮定をもとに，物理学（古典力学）を範にした均衡モデルに洗練されていった．

　経済合理的な人間（homo economicus）は，物体が運動するように，所与の経済的な条件に反応する存在である．このように人間仮定を定めるならば，人間の主観が客観のあり方に影響を及ぼすことはない．こうした前提のもとに，経済学は社会を物体から成るものと捉え，その力学的な均衡という発想によって現象を説明することに努めてきたといえる（表 8-4）．

表 8-4　古典力学の理論と近代経済学の枠組

古典力学	近代経済学
質点	消費者（生産者）
位置	商品
力	価格
仕事	予算制約（費用）
エネルギー	効用（産出）
力学場の保存性の第 1 の条件	効用最大化（利潤最大化）の条件
力学場の保存性の第 2 の条件	ヤングの定理
ハミルトンの原理	効用最大化（利潤最大化）仮説

出所：荒川章義（1999）『思想史のなかの近代経済学―その思想的・形式的基盤』中公新書，124 頁.

　たしかにゲーム論的な状況を考えた場合，そこに支配均衡があれば，経済合理的な人間は法則に従うように行動するはずである．こうした場合には，経済学は，合理的な選択によって再生産されている規則性に関する客観的な法則を提示することができる．しかしながら，これはいつでも万能ではなく，沼上（2000）によれば，ゲーム理論におけるチキンゲームや調整ゲームなど，支配均衡が存在しないケースでは均衡点は決まらず，その際には，そうした場合に人間は何に基づいて意思決定を行うのかという問題が現れてしまうことになる[13]．その際には，後述のような思念された意味に関する議論が招聘されることになるだろう．

(2)　生物学と機能主義社会学（第 4 から第 6 階層）

　17 世紀の科学革命に匹敵するもう 1 つの変化は 19 世紀の進化論をきっかけとするものであった．19 世紀前半のコントによる社会学の構想は，ダーウィンの『種の起源』（1859）の発表に先立つものであったが，そのときまでにすでにラマルクによって，進化の概念は知られていた．コントは，社会学の祖として社会そのものを 1 つの現象として実証的な認識の対象にすることを提唱した．またスペンサーは進化論の影響を受け，自由な競争によって

社会が進化するという視点から独自の社会進化論を主張した．このように揺籃期の社会学は，社会を個々の要素に分解できない有機体として捉えようとする考え方に基づいていた[14]．

　19 世紀末期，デュルケームは，社会を客観的な対象と捉え，事物のように（comme des choses）個人に外在するものとして，その法則性を明らかにしようとした[15]．デュルケームが目指した社会学では，社会現象は個人的心理的現象には還元されない独立したものであり，個人では制御できない諸力の結果とされる．それは個人の意識から発してはいるが，個人のものとは次元が異なる社会的な集合意識であり，それが心理的・文化的に諸個人を拘束している．このような世界に生きる社会的な個人は，社会の外的拘束力に服さざるをえない存在であり，社会現象は社会がもつ機能やシステムとしての特性から説明される．例えば人間が社会規範を深く内面化しており，自分の社会的役割を忠実に遂行する存在（homo sociologicus）ならば，人間の主観が客観のあり方に影響を及ぼすことはないため，個別の行為の意味を理解することは必要ではない．ここでは意味は，行為の過程でその都度に参照されるものではなく，最初から確定されているものと捉えられている[16]．

　このように機能主義社会学は社会を生物に例えることから発想を得て，その機能やシステムという視点によって現象を説明することに努めてきた．そこには要素（例えば人間個人）に分解すると消滅してしまうような創発特性に対する注目があり，それを分析するためには要素還元的な経済学とは異なるアプローチを必要とした．当時の物理学と生物学の視点の違いが，経済学と社会学の間にも反映されたといえる．

　しかしながら一方で，人間を拘束する集合意識や社会規範を，人間は変化させることができるのかという疑問は残されていた．これらのものは実は生物学的な機能に基づいて生成されているのではなく，それは単に人間の安定的信念に過ぎないかもしれない[17]．客観世界は実は人間が主観的に構成しているものなのではないかという視点は，以下で説明するようなもう 1 つの社会学の流れを生み出した．

(3) 哲学と解釈的社会学（第7から第9階層）

　以上のようなデュルケームが開拓した機能主義社会学の他に，社会学には
もう1つ重要な流れがある．それが先にも触れたウェーバーの理解社会学
である．

　社会科学の実証研究の主要な潮流は，経済学や揺籃期の社会学に見られた
ように，科学の名において，主観的意味の問題を回避することに努めてき
た．実証主義の立場から見れば，人間の主観的意味には客観性を保証するも
のがないので，科学では扱えないものだということになる[18]．

　しかしながら19世紀のドイツでは，このような実証主義の考え方に反発
する考え方が盛んになった．ドイツでは18世紀のカントによる認識論のコ
ペルニクス的転換があり，それは主観が対象に従うのではなく，対象が主観
の先天的な形式によって構成されるという逆転の発想に基づいていた．この
考え方に基づいて，カントは人間が経験的に知りうるのは現象だけであり，
実在としての物自体は不可知であると主張した[19]．さらに19世紀になると，
ディルタイは，自然科学とは独立した精神科学（社会科学および人文科学）
の根拠を，生を生そのものから了解することによって打ち立てようとした．
このディルタイの解釈学は，同時期に興隆したドイツ歴史学派を介して
ウェーバーに影響を与えた．

　ウェーバーによれば行為とは，単数あるいは複数の行為者が主観的な意味
を結びつけている限りでの人間行動を指している．個人の行為の原因は，個
人の心の中でのその意味にあり，それは他の人間にとっても理解可能なもの
である．ウェーバーの理解社会学は，一方で主観的な意味を了解しつつ，他
方で理念型を用いることで，経過と結果を因果的に説明することを目指すも
のであった．

　後に社会学者のシュッツは，ウェーバーの理解社会学の哲学的基礎づけ
を，フッサールの現象学に求めた．現象学とは，客観的な世界があるという
素朴な態度をいったん停止して，それが生じる条件や理由を自分の意識の内
側に探るものである．フッサールはあくまで超越論的主観性が，世界を構成
するあり方を探究しようとしたが，シュッツは，経験的な生活世界の存在論

にとどまり，その構成を問う構成的現象学を提唱した．これはウェーバーの
理解社会学を基礎づけるものであった．シュッツが第二次大戦直前にナチス
の支配を逃れて，アメリカに亡命したことにより，シュッツの現象学的社会
学は，バーガー＆ルックマンやガーフィンケルに引き継がれた．この流れ
は，社会現象を人々の主観的な信念や価値に基づく生活世界における日常の
理論から説明するものであり，後の社会構築主義の研究につながっていった．
これらの広義の解釈的社会学のアプローチは，人間を解釈する存在（homo
interpretans）と仮定していると言うことができるだろう[20]．

　以上のように，アリソンの 3 モデルは，これらの 3 つのアプローチを起
源としてもつものであり，これらの代表的な 3 つのアプローチによる説明
を対比することから，新たな認識を得ようとするものである．

5.　3 つのアプローチの関係

　最後に 3 つのアプローチの関わりについて簡単に説明しておきたい．ま
ず経済学について，先述のように沼上（2000）はゲーム理論を用いて，不変
の法則が成立するのは，支配均衡のある場合に限ることを説得的に論じてい
る[21]．これは，いわゆるガリレオ的世界観の立場から，社会現象における法
則を定立する余地は限られているという結論を意味している．同書は，そう
した限られた場合以外においては，経験的規則性は，合理的選択ではなく，
安定的信念によって生じていると論じている．その場合には安定的信念がい
かにして成立し，なぜそれが経験的規則性をもたらすのかについてが，社会
現象における因果関係を分析するための鍵になる．

　機能主義社会学は最初から社会現象において経済合理性だけでは説明しに
くい現象に注目してきた．そうしたものの中には，伝統的な共同体における
社会慣習（例えば魔術や宗教）など，当事者にとっても，それらがそのよう
に存在する理由を必ずしも説明できないものもある．それにもかかわらずそ
うしたものが存続することから，機能主義者は，それが当事者にも気づかれ
ていない何らかの機能を果たしており，それがその社会現象の維持・存続に

貢献していると説明を与えてきた．たしかに当事者が行動を変えられない限りにおいては，そこに機能があるのならば，それが規則的な社会現象を生み出す法則のように働いていることになる．しかしながらそうしたものに対しては，生物学と同じ意味での機能が実在することを仮定するよりも，やはりこれらも何らかの安定的信念によるものと理解することが自然である．エルスターの表（表8-3）において，社会科学の機能的説明（セル8）に付されたクエスチョンマークもそのことを示唆している．しかしながら機能的説明がもつ発見法としての価値はあり，これに基づいてモデル的説明を作ってみることの意義はある．

　解釈的社会学は，そうした人間の安定的信念がいかなるものであるか，いかにして構築されるのかを問題にしてきた．例えば，ウェーバーの理解社会学は，理念型の概念を使用しつつ，思念された意味の了解に基づいて，社会現象の因果関係を説明するものであった．例えば，魔術や宗教ですら，当事者レベルでは何らかの有意味なものであるという信念に基づいているはずであり，その立場から説明されるべきものである．ウェーバーの方法論は，社会現象に因果関係をもたらしている安定的信念を，統計的規則性と意味連関の両方を手がかりに特定しようとしている[22]．これは因果的説明と意図的説明の組み合わせたものである．ここに理解社会学の意義があり，それは現在なお示唆に富んでいる[23]．

6．小括

　複層的事例研究は，社会現象の分析のために，異なる人間仮定を置いた複数の視点から，単一事例を分析することによって，1つの視点からでは見えにくい領域を明らかにできることをアドバンテージとしている．

　合理モデルは，人間が経済合理的に行動するという前提を置き，その仮定に基づいて社会現象を説明する．一方，組織モデルは，社会が何らかの機能をもち，人間がそれに受動的に従うという仮定に基づいて，有益な事実を発見しようとする．

　一方，政治モデルは，当事者の主観的な意図に基づく行為の合成の結果として社会現象を説明する．そのため個人は意図に基づく行為によって望ましい社会現象を引き起こすことが可能のようにも見え，そこには何ら定まったものがないように考えられるかもしれない．しかしながら実際には私たちが日々体験しているように，社会現象は意図せざる結果に満ちている．その理由は，個人レベルのそれぞれの意図に基づく行為が，他者の行為と合成されることで，最終的な社会現象を引き起こすからである．

　先述のように，そうしたメカニズムが当事者に意識されておらず，個人がそれを変更できない場合には，無意識的に再生産されている社会現象は当事者にとって外部の拘束力として機能する．それこそが機能的説明において潜在機能と呼ばれるものである．

　これに対し，政治モデルでは，個人が主観的な思念された意味に基づく行為をとっていることが，他者の行為と合成されることで意図せざる結果を引き起こしている点が注目される．その際には，組織モデルのように，組織やその他の社会システムが何らかの目的論的な特性をもつことを想定するのではなく，先述のウェーバーの方法論のように当事者の意図的説明とその行為の合成に関する因果的説明を組み合わせることによって，社会現象が説明される．

　沼上（2000）は，そのための具体的方法として，2 時点の社会現象の因果関係を直線的に短絡させるのではなく，3 次元的に時間軸を考慮して，そこに現実に当事者の理解をふまえた因果関係を記述すること（時間圧縮の回避）や，重回帰分析による〈変数のシステム〉だけでなく，行為によって媒介されている〈行為のシステム〉を用いて，その解釈と合成によって説明を構築すること（メカニズム解明モデル）を提唱している[24]．

　意図せざる結果が生起するメカニズムが解明されることによって，当事者は自分の意図に基づいた行為が，他者の行為と合成されることによって，自分が望んでいないような社会現象が再生産されている事実に気づくことができるだろう．それは潜在機能として説明されたものが，当事者によって顕在的なものとして認識され直すことを意味している[25]．そのことはあたかも精神分析療法において患者が自らの症状の理由を知ることで，実際に神経症が

治癒するように，社会現象における悪しき意図せざる再生産を回避する第一歩につながるはずである．

　人間は社会現象のメカニズムを知ることによって，悪しき意図せざる結果を回避し，望ましい未来を実現するような行為を構想できる．そのメカニズムを理解することは，人間が現状を反省し，より良き社会への変革の可能性を構想するための指針になる．

　複層的事例研究は，その際に複数の視点に基づく事例を対比させることによって，私たちにそのための手がかりを提供してくれるのである．

第2部　複層的事例研究の方法：
再生可能エネルギーを題材に[26]

1.　第一ケーススタディ：サンシャイン計画と太陽光発電の技術研究開発

　以下では，実際に合理モデル，組織モデル，政治モデルを用いた複層的事例研究の実例を示したい．具体的な対象となるテーマは，再生可能エネルギーの国家プロジェクトである．日本では，エネルギーの安定供給を目指し1970年代から，再生可能エネルギー（当時は新エネルギーと呼ばれた）の技術研究開発が政策的に進められてきた[27]．本章第2部では，この国家プロジェクトを題材にして，単一事例に対して，複数の視点から事例分析を行う．

　サンシャイン計画は経済産業省（2000年以前は通商産業省，以下，通産省）によって行われた新エネルギー技術開発の国家プロジェクトであった．この計画は1974年から2000年までに日本のエネルギー供給の20％を新エネルギーで充当することを目標としていた[28]．しかしながら同計画はこの目標を達成できなかった[29]．しかしながらその一方で，この計画によって技術開発が進められた太陽光発電システムなどでは，研究開発の成果が現れ，1990年代後半から2000年代には民間企業での事業化が進んだ．この時期には日本は太陽光発電において，世界最大の生産量と導入量を達成した[30]．その点ではこの計画は，日本メーカーの太陽光発電システムの事業化には一定

の貢献があったといえる.

　以下では, 同計画の歴史をたどり, これらの結果が生じた理由を考えてみたい.

(1)　なぜ計画が始まったか：エネルギー問題への政府の危機意識

　太陽エネルギー研究は1970年代初頭, 新しいエネルギー技術の開発を目指した電子技術総合研究所(以下, 電総研)の研究者によって開始されたものである. 1973年, 通産省はエネルギー技術の重要性を考慮し, 開発成功への技術的見通しがあることを評価して, 太陽エネルギー研究を大型プロジェクト制度の開発テーマに選定した. しかしこのテーマの技術的難易度が高いことから, 成果が上がるまでに時間がかかることが予想されたため, 通産省は従来の大型プロジェクト制度よりもより長期化した新たな計画枠組みを考案することにした. 通産省は太陽, 地熱, 石炭液化・ガス化など石油代替となる新しいエネルギーの研究開発テーマを集め, 新エネルギー技術研究開発計画(サンシャイン計画)を新たに策定した. 同時に通産省は, この計画を推進するための新組織として産官学から有能な人材を集めた新エネルギーの研究所を特殊法人として新設することを計画した. これが後の新エネルギー総合開発機構(NEDO)の原案となった.

　1973年8月, 当時の中曽根通産大臣は, サンシャイン計画を国民に公表した. これは第一次石油危機よりも数ヶ月前のことであった. 同年夏には資源エネルギー庁も設置されており, これらのことからは当時の通産省にはエネルギー問題に対する危機意識があったように見受けられる. この年10月に, 第四次中東戦争に端を発する第一次石油危機が発生すると, 日本では洗剤やトイレットペーパーなどの買い占めが起こるなど, 国民の間にパニックが生じた. その中, 審議会に集められた有識者たちは, この計画を原案よりもさらに大型化し, 新組織を設置することを答申した. 大蔵省(現, 財務省)も, 石油危機が実際に発生している中, 計画の重要性に鑑みて, この計画に予算を与えることを承認した. こうしてサンシャイン計画は国民の期待を一身に集めつつ, 74年8月から開始されることとなった.

(2)　なぜ計画が継続されたか：NEDO を中心にした長期的実施体制の整備

　当初，大蔵省は財務的な観点から新組織の設立を認めなかったので，通産省はプロジェクト・マネジメントのための組織が必要だと主張し，その後も毎年予算を要求していた．そうした状況を大きく変えたのが1979年の第二次石油危機の発生であった．通産省は計画を加速的に推進し，前倒し的に目標を実現すべく関連する法制度や組織体制を整備した．代替エネルギー法によって新エネルギー導入目標が設定され，1980年にはNEDOが設置された．NEDOのトップには民間企業での経験を生かすことが期待されて日立出身者が就任した．

　サンシャイン計画では各テーマの達成目標を数年ごとに段階的に設定して，その実現を目指すことが定められていた．太陽エネルギー研究では，多額の予算が太陽熱研究に投じられており，当初は，太陽光発電（太陽電池）は副次的な扱いであった．なぜならば太陽熱の方が技術的にシンプルであり，発電の出力が大きく，早期に成果が上がることが期待されたからである．1980年代初頭，日立と三菱重工は政府の資金的支援を受けて2種類の太陽熱発電所の実証プラントを愛媛県仁尾町に建設した．これらの実証プラントは発電には成功したが，実験期間中に天候に恵まれないなどの不運もあり，発電量は当初の予想の3分の1にとどまり，発電コストも火力，原子力など他の方式に及ばないことがわかった[31]．こうした実験結果を受けて，これ以後は太陽光発電研究が開発の中心となった．

　太陽電池の研究開発も副次的な扱いとはいえ，計画発足直後から開始されていた．通産省は半導体技術で評価の高い日立，東芝，日本電気，東洋シリコン（現，SUMCO）に重要なプロセスを委託し，さらにシャープ，松下電器にも各社の強みを生かした技術開発テーマを委託した．これらの企業は1980年代初頭，通産省の指導の下，協力して太陽電池の量産プラントを完成させ，そこで量産化に向けての知識を蓄えた．

　しかしながら1980年代前半期には，計画の前提を大きく覆す想定外の出来事が発生した．それは石油価格の予期せぬ急落であった．石油価格の低下は新エネルギー開発にとって逆風となった．通産省は世論の動きに配慮し

て，計画の加速的推進の程度を緩めつつ，NEDO を再編しながら，計画を継続させざるをえなかった．

(3)　なぜ太陽では成果が上がったか：政府による投資誘発の成功

　太陽光発電において，有望な技法として 70 年代末にアモルファスシリコン太陽電池が登場し，通産省はこれも計画に取り入れた．1980 年代には結晶シリコンとアモルファスシリコンの両方で研究開発は着実に成果を上げ，変換効率の向上，モジュール価格の低下が進んでいった．

　90 年代になると環境問題がクローズアップされ，京都議定書などでの温室効果ガスの排出の問題に注目が集まると，そうした中で新エネルギーは再度注目を集めるようになった．通産省は省エネルギーのムーンライト計画を統合してニューサンシャイン計画とした．一方で，通産省は一般家庭に太陽光発電システムが普及するように送電インフラを充実させ，購入希望者に補助金を与えた．その結果，家庭用太陽光発電は急速に普及し，日本の太陽電池産業は 2005 年までに導入量，生産量ともに世界一の座についたのであった．

　政府の研究開発投資は，技術力の向上に寄与した一方，同時に民間企業の旺盛な投資を引き出した．例えば太陽電池については，とくに 1980 年代以降，国家プロジェクトにおける予算増加と比例するように，民間企業におけるこの分野の研究開発費も大幅に増加した．1980 年代後半は予期せぬ石油価格の低落により，企業の投資は一時的に減ったが，その間も政府は一貫してこの計画に予算を継続的に付与し続けた．1990 年代になり地球環境問題がクローズアップされるようになると，民間企業の投資は再び急速に右上がりに増加した．

　ここには以下のような好循環があった．サンシャイン計画による太陽電池の研究開発が，民間企業の研究開発支出を増大させ，そのことが太陽電池研究開発の技術ストックを増大させた結果，太陽電池生産が増大した．そのことにより太陽電池生産価格が低下したため，それがさらなる需要を呼び起こし，太陽電池生産の増大をもたらすことになった．太陽電池生産の拡大は，

産業の研究開発支出の増大をもたらすので，そのことが再度，太陽電池研究開発の技術ストックを増大させた．こうしてサンシャイン計画の最初の予算配分が，企業の自主的投資を促すことになったのである[32]．

政府は90年代後半には太陽光発電システムの送電線への接続など社会的なインフラストラクチャーを整備した．そのころから太陽光発電の国内導入量は急速に増加し始めた．1kW当たりのシステム価格も量産効果とともに下がり，そのことが国による導入の際の補助金政策とあいまって，太陽光発電の導入・普及が進んでいったのであった[33]．

2. 第二ケーススタディ：組織ルーティンの慣性

経済学に基づく政策論においては，しばしば企業はインセンティブ構造に反応する合理的主体であるという前提が置かれている．同様にもし政府も合理的主体だとするならば，政府も最適な方法を選択するはずである．その場合，政府や企業の意思決定は，合理的な個人ならどう振る舞うかということを思い浮かべれば容易に推測できるはずであった．先のケーススタディはこうした合理モデルに基づいていた．

しかしこれが組織に対する唯一の見方というわけではない．例えば他にも組織の意思決定を日常における諸ルーティンの結果であると考えるアプローチがある．これによれば，組織は，合理モデルが考えるように外からインセンティブ構造を変えることで完全にコントロールできるものではなく，一定の自律性をもつものと把握される．組織には外部環境からの影響から一定程度独立した独自の標準作業手続を有しており，それが組織の意思決定を拘束する．この組織モデルによれば，政府や企業の行動を解明するためには，それらのルーティンやその慣性を分析せねばならない．

先の第一ケーススタディでは，政府が適切な技術を選択し，適切な企業や研究機関に研究開発を委託して成果を上げたというストーリーが語られた．しかし実際には組織的意思決定には最終目標の達成という観点からは説明が付きにくい現象もある．そこでこの組織モデルでは，組織における標準的な

作業と手順からなる日常のルーティンが，プロジェクトの技術的な目標達成とは別の自己存続の論理で働いており，当事者を拘束しているという視点から合理モデルとは異なる説明がなされる．

(1)　なぜ計画が始まったか：計画の日常的拡大志向と石油危機の僥倖

　1960年代末，エレクトロニクスの時代の前夜，電気試験所は電総研と名前を変え，これまでの電気中心の研究体制を電子にシフトする方針を掲げた．その中で旧来の送電部門は存続のために新しい研究を始めなければならず，そこでこの部門が選んだテーマの1つが太陽熱による発電の研究であった．そもそも太陽エネルギーは最初から政策目的で研究されたのではなく，研究所の一部門の生き残りを目的として選択されたものであった．

　1973年，電総研は太陽エネルギー研究を毎年恒例の大型プロジェクト制度に出願した．通産省の工業技術院（以下，工技院）は所定の審査の手続きに基づいてこのテーマによい成績を付け，開発候補に選んだ．その際に工技院は，政策を大型化・長期化することで失敗が早々に顕在化しないように，大型プロジェクト制度とは別に新エネルギーの技術開発用の計画を新設した．またこれと同時に天下り等の形で権限拡大につながる特殊法人の研究所を設置する案を提出した．これが後のNEDOの原案となる．

　通産省がこの年秋に石油危機が発生することを事前に確実に予期できたと考えることも難しい．資源エネルギー庁の初代長官は，後年「ホッとひと息ついたこの九月頃，私は半月後に恐ろしいほどの忙しさに巻き込まれることになろうとは夢想だにせず，この調子で一年ほどのんびりやればいいと勝手に考えていた」と回想している[34]．工技院は毎年恒例のプロセスとして8月末に予算案を提出し，大蔵省に技術的な説明を行い，計画に多額の予算が必要な理由をアピールしていた．この年も通常通りそのプロセスが進んでおり，大蔵省は当初，各省の予算要求を初年度は原則承認しない慣例に基づいて，サンシャイン計画の予算案も認めない方針であった．しかしながら，まさに折衝の最中の10月に石油危機が発生したため，期せずして通産省にとっては交渉上，非常に有利な展開が生じた．異常事態の中で12月には，

審議会は計画の拡大を答申し，大蔵省もこの計画が申請初年度であったにもかかわらず特例的に予算を認めた．こうしてサンシャイン計画は翌74年度から幕を開けたのであった．

(2) なぜ計画が継続されたか：NEDO のミッション希薄化と計画の永続化

　通産省はその後，計画開始後，特殊法人案への予算を毎年要求した．しかしながらむやみに特殊法人を増やさない方針を掲げる大蔵省の反対から，この案は認められなかった．そこで通産省は当座の案として，付帯業務という方策で電源開発にプロジェクトを管理させつつ，その後も毎年特殊法人の予算案を提出した．しかし大蔵省は毎年それを退けた．しかし第二次石油危機が発生したことにより，サンシャイン計画の加速的推進策が決定されたため，特殊法人案は期せずして NEDO の設立につながった．同時に特別会計予算が計画に充当されることになったので，予算規模は急速に拡大した．

　サンシャイン計画では当初は太陽熱発電に力が入れられていた．従来，日本の大手メーカーには通産省対応の担当者（通称，MITI 担）を置き，早期に通産省の情報を知ることに努めていた会社もある．企業にとって国家プロジェクトに参加することは，それが自社の事業に直接つながっていなくても，国の予算で技術力を向上させられるという点でメリットは大きいものであった．政府も大手企業の技術力を信頼していたので，プロジェクトにおける開発も大企業に好んで委託する傾向があった．しかしながら企業自身が当該製品の事業化に興味がない場合には，研究開発への熱意はどうしても薄くなる．しかしいったん開始されたプロジェクトについては結果がどうあれやり遂げることが優先されるため，顕著な成果が出ることが予想されない場合でもプロジェクトは途中で止まらなかった．例えば結果的に，巨額の予算とともに完成した太陽熱発電所2機はどちらも期待された成果を出すことはできなかった．

　この後，太陽エネルギー研究は熱から光に移った．その際には熱の予算は，熱と光の間の技術的なつながりを問うことなく，そのまま同じ「太陽」だということで光にシフトされていった．太陽光の研究でも，通産省は日

立，東芝など国内大手メーカーに主要技術の開発を委託した．それが通産省の慣例であった．6 社は得意分野を分担して，太陽光発電の実証プラント建設に当たった．その中でとくにシャープや松下電器など関西系のメーカーは太陽光発電の実用化を真剣に目指していた．しかしながら通産省の関心は事業化にはないので，早く事業化につなげたいと主張した企業に対して，通産省は短期的な利益のことよりも，もっと長期的な視点で研究開発してほしいと要求している[35]．ここには事業化へのモチベーションは高いが，現時点では技術力が低いと評価された企業に研究費が回りにくい構造がある．

　その後，80 年代中期に石油の価格が低下すると，NEDO は逆風にさらされた．そこで通産省は 1988 年に NEDO の担当業務を改正し，新エネルギー開発だけではなく，これをエレクトロニクスやバイオテクノロジーなど通産省のハイテク技術政策の開発テーマも担当する組織と位置づけた．名前においても新エネルギー総合開発機構の新エネルギーの後に「産業技術」の語が入れられた．もはや NEDO は新エネルギーの導入普及というミッションを帯びた組織ではなく，通産省の産業技術政策全般を請け負う組織となった．これにより組織としての NEDO は，廃止されるどころかその後も成長を続けることができた．その後，1993 年に通産省が計画をニューサンシャイン計画に再編した際には，2020 年度まで期間を延長し，1 兆 5000 万円を使うプロジェクトとして，かつてのサンシャイン計画を実質的に延長，永続化させようとした．

⑶　なぜ太陽では成果が上がったか：統制の欠如と並行開発の継続

　1970 年代末，太陽電池において新たな方式としてアモルファスシリコンが現れ，NEDO としても期待が高まった．この新しい技術方式の研究もこれまでの結晶シリコンと並んで開始された．当初，NEDO としては，どちらか一方に絞る方針であったが，どちらが有望であるかについてなかなか確たる結論が出なかったため，これらの 2 つの方式は同時並行的に開発された．NEDO が統制を避けて既存プロジェクトの両方を既存の状態のまま維持させたことが，逆説的にも，複数の方式のプロジェクトを計画に残すこと

につながり，それぞれの方式で太陽電池の性能が競い合って向上するという結果を招いた．

太陽光発電は相対的には少額な予算で成果が上がったものの1つであるが，もしかすると予算がより多く配分されていれば，より大きい成果が上がった可能性もある．なぜならばサンシャイン計画では1980年代には太陽よりも石炭エネルギーに数倍多くの予算が投じられたからである．この計画には発足時，太陽，地熱，石炭液化・ガス化，水素エネルギーという4つの柱があった．サンシャイン計画という名前から考えればその中でクリーンな太陽エネルギーに一番力が入れられていたという印象が抱かれがちである．しかし実際には，計画の前半から中盤に最も多額の予算がつけられたのは実は石炭液化・ガス化関係技術の開発であった[36]．

この問題を考える際には，サンシャイン計画の予算がどのような財源から確保されていたかを考える必要がある．第二次石油危機後の1980年に制定された石油代替エネルギー法によって，予算が急増する80年代以降，計画財源は一般会計から特別会計に移っていった．それらは「石油及びエネルギー需給構造高度化対策特別会計（石特会計）」と「電源開発促進対策特別会計（電特会計）」によって構成されていた[37]．これらの特別会計予算は，それぞれ石油石炭税収と電源開発促進税をもとにしたものであり，そのため新エネルギー開発に使用される際には，電源多様化や石炭構造調整対策などの主旨に添うことが期待されていた．実際に電特会計が太陽と地熱に半分に分割されて予算となったのに対し，電特会計よりも多額の石特会計のほぼ全額が石炭エネルギー技術開発に充てられた[38]．サンシャイン計画の発足時の計画案では太陽エネルギー研究が中心のはずであったが，実際には石炭エネルギーに多額の予算が充当されたのであった．税制度こそが，技術開発プロジェクトの方向性を決めてしまっていたのである．

3. 第三ケーススタディ：ビジョンと資源動員

第二ケーススタディでは，国家プロジェクトにおける慣例や日常のルー

ティンが，プロジェクトの目標を実現するための技術的合理性とは別の論理で動いていることが明らかにされた．しかしながらそこではそうしたルーティンがいかにして形成されたのかについては説明されていなかった．そこでここでもう一段解像度を上げて，組織の内部の人間の意図に目を向けてみれば，また異なる様相が現れる．そこには当事者個人の主観的に思念された意味世界のレベルが存在している．この水準での意味世界や個人の行為，複数主体間の行為の相互作用を明らかにしようとするものが政治モデルである．

　組織的意思決定は，善く言えばビジョンをめぐる討議と合意，悪く言えば権謀術数をめぐらせるポリティクスの所産である．人々は他者の行為を推測し，また自らの過去の行為を反省する．ここには組織モデルとは違い，他者は必ずしもルーティン通りの反応を返してくる保証のない世界である．そのためここでは個人の意思表明は，他者の同意を得て，資源を動員し，自らの目的をかなえるための企業家的な挑戦となる．このレベルでは，行政官と企業人の間には一方的で非対称的な関係を仮定できず，どちらも自らの組織のミッション（公共政策や利潤追求）をかなえようとする主体として現れる．

　政治モデルは，国家プロジェクトに参加した人々が抱いていた意味世界に光を当てる．そこにはビジョンを核としてルーティンが社会的に構築され，制度化されていく状況があった．国家プロジェクトを当事者の視点から見れば，そこには予言的なビジョンへの合意調達をベースにした資源動員という構造が存在していたのである．

⑴　なぜ計画が始まったか：研究者と開発官の相互補完的同盟

　1970年，存続の危機にあった電総研送電部門は，新たな開発テーマを探すため若手を集めて合宿を行った．その際の記録には荒唐無稽な数多くのアイデアが記されている[39]．その中の1つに太陽エネルギーによる発電があった．当時，送電部門に所属しており，後にこのテーマの中心人物となる堀米孝は「私と数人の協力者は，従来のハードな発電（火力発電や原子力発電）よりも，よりソフトで環境にやさしいクリーンな新しい発電が，将来必ず必要になるだろうとの信念から，太陽発電の研究を進めることに決めました」

と回想している[40]. しかし電総研の内部にはこのテーマが本当に実現可能なのかについて懐疑的な目があり, 堀米グループは冷遇されていた. そうした中, 堀米は大型プロジェクトに応募することで予算を獲得することを思い立った.

通産省工業技術院の開発官である根橋正人はこのテーマに興味を感じ, 部下の鈴木健にその担当を命じた. 鈴木は多忙なことからこのテーマに当初は乗り気ではなかったが, 根橋が鈴木に大きい裁量を与えたため, 鈴木は検討の末, 新エネルギー研究を大型プロジェクトから独立させることにした. 鈴木は早速堀米に連絡を取り, 太陽エネルギーの技術的な説明を依頼した. 他方で堀米も鈴木に電総研内の冷ややかな上層部の説得を依頼した. 鈴木は国立試験研究所を回って地熱や石炭液化・ガス化を探し, これらを計画に取り入れた. 鈴木から石炭関係のテーマを計画に含めることを聞かされた堀米はクリーンなイメージが損なわれると苦言を呈している. 鈴木や根橋の上司である木下亨は, 計画に愛称をつけることを思い立ち「サンシャイン計画」の名を決めた[41]. しかし, それを聞いた堀米は歌詞のようだと感じ, その部下の澤田慎治はふざけていると怒った.

鈴木は, 5億より50億の計画の方が予算を取りやすいという上司のアドバイスを受けて, 堀米に多額の予算の必要な研究を加えてほしいと依頼した. こうして計画には多額の予算が必要な太陽炉や特殊法人の研究所が付け加えられた. この研究所案が後のNEDOにつながることになる. 計画は8月に公表され, 審議会で答申を受けながら, 大蔵省と予算折衝している10月に第一次石油危機が勃発した. その中で太陽研究は世間の注目の的となり, 電総研には見学者があふれることとなった. 太陽エネルギーのPRは次第に雪だるま式に大きな話となり, 電総研の研究者自身ですら次第に困惑するようになった. 計画の大型化により, いつしか超巨大規模の太陽熱発電所が設計されることになってしまっていた. こうしてサンシャイン計画は74年に始まった.

⑵　なぜ計画が継続されたか：民間企業の事業化へのモチベーション

　通産省はその後も，計画のプロジェクト・マネジメントを担う新組織の予算請求を続けたが，大蔵省は反対し続けた．こうした状況は1979年の第二次石油危機で大きく変化した．この年からサンシャイン計画に続き，省エネルギーのムーンライト計画も開始された．通産省はさらにバイオマス（生物資源）開発のレインボー計画を発案したが，これは最終的にはサンシャイン計画に組み込まれ実現しなかった．危機をチャンスとみて，次々と新しい計画を打ち出すこの頃の工技院を「石油不安で工技院ハッスル」と揶揄気味に評した新聞記事もある[42]．最終的に1980年の計画加速化の際に，特殊法人案はNEDOというかたちで実現した．

　太陽熱研究では実際にプラントが建設されたが，思ったような成果を出すことができなかった．根橋は企業の担当者を呼んできちんと動かすよう命じたが，命じたところで成果が上がるものでもなかった．こうしてその後は太陽熱ではなく，太陽光が中心的開発テーマとなった．太陽光では通産省は重要技術を技術力ある大手企業に担当させるよう指導したので，半導体技術で劣るとされたシャープと松下電器は，太陽電池の実用化の鍵となるリボン結晶法の研究を担当することができなかった．そこで両社は国主導の計画に頼らず，京セラを交えて合弁会社を作り，計画とは別にこの方法の独自開発を進めることを試みた．一方，リボン結晶法を委託された関東系大手企業は，半導体をより重要なテーマだと考えていたので太陽電池に対しては片手間の扱いだった．最終的にリボン結晶法は，サンシャイン計画でも，この合弁会社でも成功しなかった．

　第二次石油危機を契機にして発足したNEDOは創設当時，民間企業出身のトップを迎え，産官学の頭脳集団をキャッチフレーズに新エネルギー導入・普及というミッションを実現しようという気概を示していた．NEDO発足当初は通産省から人材を多く迎え入れるにしても，将来的には自ら雇用した専門職員中心に組織を運営していくという構想もあった．しかしながら80年代前半の石油価格の下落によって，こうした構想は変更を余儀なくされた．新エネルギー導入というミッションをかなえるために存在する

NEDO という名目は通用しなくなり，この頃から発言も目立たなくなって
いった．そうした中で太陽電池など実際に商品化が見えるプロジェクトで
は，シャープや三洋電機などの民間企業が計画を活用しつつ，自主的にも開
発を進め，太陽光発電システムに先立ち，まずは時計や電卓の事業化を進め
ていった．

(3)　なぜ太陽では成果が上がったか：プロジェクトにおける複数形式の競い 合い

　1970 年代末には，電総研物理部がアモルファスシリコンの可能性を示し
たことで，サンシャイン計画でもアモルファスのプロジェクトが認められ
た．三洋電機などがこの方式の太陽電池で成果を上げ，結晶シリコン陣営と
アモルファス陣営が対立する状況が現れた．当初 NEDO はどちらか 1 つに
集約することを主張していたが，各社の熱意から即座には一本化できず，
シャープと京セラの結晶系，三洋電機のアモルファス系両陣営は互いに変換
効率を競い合った．

　90 年代になると，政府による送電網等のインフラ整備により，太陽光発
電システムが公共施設や一般家庭に設置されるようになった．インフラ整備
の点では普段は競争し合っている企業も通産省に協力した．インフラ整備や
補助金政策は，太陽光発電システムの普及を支援することになり，90 年代
末から 2005 年まで日本の太陽光発電システムは世界一の生産量・導入量を
誇った．企業や国立試験研究機関の研究者は，自らの信念で特定技術の将来
像を思い描き，その実現に向けて構想を打ち上げ，周りの人々の同意を得
て，資源を調達し，そのことによって自己予言成就的に研究開発を成功させ
ようとした[43]．

　例えば，アモルファスシリコンの中心人物であった電総研物理部の田中一
宜は，これが後に結晶半導体に並ぶ成果を上げるであろうと主張した．田中
のまわりには大学や企業のアモルファス研究者たちが集まり，アモルファス
ファミリーを形成した．NEDO もこの技術の将来性に期待し，実際に 80 年
代はめざましい変換効率の向上を実現して，電卓等に使用された．アモル

ファス太陽電池は商品化を通じて，世間に小型の実用的な太陽電池の存在を知らしめることになった．後に三洋電機（当時）が手がけた HIT 式太陽電池もアモルファス技術の応用の成果である．

　国家プロジェクト大きい動きがあった際，ほとんどの場合，そこにはビジョンを掲げて周りの者を説得しようとした研究者や経営者がいた．もちろんすべてが成功したわけではないが，それでも成功に向かう最初の一歩としてはこうした未来を担保にした技術的確からしさを掲げ，それに資源が動員されることで事後的に，予言が正当化されるというプロセスが存在している．こうした行為はリスキーであるため，容易に万人が実践できるものではないが，そうしたリスクを負ってまでその技術に賭けようとする研究者や経営者こそが，最終的にはイノベーションを先導していったのである．

4. おわりに：複層的事例研究から見えること

　以上のように3つの異なる視点から同一の国家プロジェクトの歴史を記述してみると，それぞれのケーススタディで力点が当てられるものが異なり，また国家プロジェクトの立案，実行フェーズにおいて鍵となるメカニズムが異なって見えてくる．

　合理モデルではあくまで合理的な政府という立場から，いかに環境認識や技術選択を行うかが重視されていた．このケースでは賢明な政府が適切に研究開発の支援政策を行い，合理的企業はそれに応じて技術開発を成功させたという側面が強調されている．

　一方，組織モデルでは，計画において組織は定型業務を行っており，政府も特別なことがなければ日常のルーティンを繰り返していたことがわかる．一方，外部環境の急変で計画の存続が危機にさらされるときには，ミッションを希薄にすることによって，目標を骨抜きにしつつルーティン自身は生き延びようとする．このケースでは，技術的な合理性よりも制度的な正当性が強調され，それが守られている限りにおいては，計画は顕著な技術的成果が上がらないままでも長期間にわたって継続されることができたことが記され

ている．ここでは組織内の人間は組織存続を目的とした行動をすることが想定されていた，

さらに政治モデルでは，プロジェクトの世界を生きている人間の内面の意味世界が描かれた．そこでは，技術の選択や予算の配分が実は，専門家にとっても科学的な知識のみで完全に決定できるものではなく，そこには可能性に賭けた自己予言成就的行為があることが明らかにされた．

私たちが政策や規制によってイノベーションを促進するためには，現時点でのインセンティブ設計だけではなく，政府や企業の過去からの組織ルーティンや，何かを企てようとする人々の未来を構築するアントレプレナーシップに注目し，多面的な考察を進めることが重要である．そのための複眼的に思考するための方法として，複層的事例研究は有効なものとなりうるのである．

注

1 Allison, G. (1971). *Essence of decision: Explaining the Cuban missile crisis*. Little, Brown.　G. アリソン（宮里政玄訳）(1977)『決定の本質—キューバ・ミサイル危機の分析』中央公論社.

2 経営組織論における様々なメソドロジーについては，高橋正泰監修 (2020)『組織のメソドロジー』学文社，参照．質的研究全般については，Prasad, P. (2005). *Crafting qualitative research: Working in the postpositivist traditions*. Routledge.　P. プラサド（箕浦康子監訳）(2018)『質的研究のための理論入門—ポスト実証主義の諸系譜』ナカニシヤ出版，参照.

3 本章の記述は，沼上幹 (2000)『行為の経営学—経営学における意図せざる結果の探究』白桃書房，にきわめて多くの示唆を得ている.

4 前掲，Allison (1971 宮里訳，1977)，8-10 頁.

5 現在では分子生物学の発展によって，生物学においても要素還元的な説明が進んでいる.

6 Boulding, K. E. (1956). General systems theory: The skelton of science, *Management Science*, *2* (3), 197-208. Pondy, L. R., and Mitroff I. I. (1979). Beyond open system models of organization. In B. M. Staw (Ed.) *Research in organizational behavior*, vol. 1, (pp. 3-39). JAI Press. 前掲，沼上幹 (2000). Hatch, M. J., and Cunliffe A. L. (2006). *Organization theory: Modern, symbolic, and postmodern perspectives*. Oxford University

Press, 2nd ed. Blaschke, S. (2008). *Structures and dynamics of autopoietic organizations: Theory and simulation.* Gabler.

7　Hegel, G. W. F. (1830) *Enzyklopädie der philosophischen Wissenschaften.*　G. W. F. ヘーゲル（樫山欽四郎，川原栄峰，塩屋竹男訳）(1987)『エンチュクロペディー』（新装版），河出書房新社.

8　ここで生物を対象にする学問と，社会を対象にする学問では，先述のように前者には機能的説明，後者には意図的説明が充てられているが，それが逆となるケース，すなわち生物に対する意図的な説明と社会に対する機能的な説明にはクエスチョンマークが付されている．例えば，物理学に意図的説明を用いることは，物質の意図を問題にすることであり，それは端的にナンセンスである．しかしながら動物が意図をもつかどうか，また社会において生物の世界と同様に自然淘汰に類するものが働くか（進化論），あるいは社会に自己保存などの共通の目的があると想定してよいか（目的論）については，議論の余地がある．

9　Elster, J. (1983). *Explaining technical change.* Cambridge University Press.　原図では4セルに副機能的説明と超機能的説明，7セルに副意図的説明と超意図的説明の区別があるが，どちらの場合も「はい」であるため，ここではそれらの差異については省略した．関心がある読者は原著を参照されたい．ちなみに同書によれば，副機能的説明とは偶然性による進化を含み，超機能的説明とは機能間に相互作用がある場合を指す．副意図的説明とは行為主体が意識しない場合を含み，超意図的説明とは行為主体間に相互作用がある場合を指している．

10　富永健一 (1986)『現代の社会科学者―現代社会科学における実証主義と理念主義』講談社，15頁.

11　那須壽 (1997)『現象学的社会学への道』恒星社厚生閣，57頁．この語はフッサールの「ガリレイによる自然の数学化」に由来する．Husserl, E. (1954). *Die Krisis der europäischen Wissenschaften und die transzendentale Phänomenologie. Eine Einleitung in die phänomenologische Philosophie.* E. フッサール（細谷恒夫・木田元訳）(2011)『ヨーロッパ諸学の危機と超越論的現象学』中公文庫，中央公論社，49頁.

12　ハーバーマスはこうした行為を戦略的行為と呼んでいる．「戦略的行為の志向する意味は，いつも一義的に定義できるのだ．つまりそれは，測定可能なあるいは少なくとも比較可能な諸々の変量を最大化ないし最適化するべしといった規則にほかならない．」「戦略的行為という限界事例が便利なのは，その場合，主観的に思念された意味が独白的 (monologisch) に確定しうるからである．」Habermas, J. (1970). *Zur Logik der Sozialwissenschaften.* Suhrkamp. J. ハーバーマス（清水多吉，木前利秋，波平恒男，西阪仰訳）(1991)『社会科学の論理によせて』国文社，111-114頁.

13　前掲，沼上 (2000)，第4章.

14　富永健一 (1995)『行為と社会システムの理論―構造−機能−変動理論をめざして』東

京大学出版会，93 頁.

15　しかしながら実際にはデュルケームも当事者の思念された意味を分析に使用していることがブードンによって指摘されている．Boudon, R. (2006). Homo sociologicus: Neither a rational nor an irrational idiot. *Papers*, 80, 149-169. doi: 10.5565/rev/papers/v80n0.1773.

16　Dahrendorf, R. (1959) *Homo sociologicus: Ein Versuch zur Geschichte, Bedeutung und Kritik der Kategorie der Sozialen Rolle*, Westdeutscher Verlag. R. ダーレンドルフ（橋本和幸訳）(1973)『ホモ・ソシオロジクス―役割と自由』ミネルヴァ書房。前掲, Habermas（1970 清水他訳, 1991)，140-141 頁。

17　前掲，沼上 (2000)，124-129 頁.

18　前掲，富永 (1986)，75 頁.

19　カントの主観と客観の二元論を克服しようとする試みが，本章の冒頭で触れたヘーゲルの『エンチュクロペディー』体系に至るドイツ観念論哲学を生みだした.

20　この語の提唱者については，以下のものを参照．Michel, J. (2017). Anthropology of Homo Interpretans. *Ricoeur Studies, 8* (2), 9-21.

21　前掲，沼上 (2000)，第 4 章.

22　佐藤俊樹 (2019)『社会科学と因果分析』岩波書店，399 頁.

23　ウェーバーの理解社会学の基礎付けとして，ハーバーマスは (1) 現象学的アプローチ，(2) 言語学的アプローチ，(3) 解釈学的アプローチを提唱している．これらはいずれも安定的信念の成立基盤を問うものである．(1) 現象学的アプローチは，本文中でも挙げたように現象が人間の意識の中でいかに構成されているのか，また間主観的にいかに社会的に構築されているのかを分析する．フッサールはガリレオ的世界観が人間の意味を離れたものになることを批判し，それに代わるものとして，生活世界の概念を提唱し，人間の安定的信念の基盤をそこに求めている．(2) 言語学的アプローチは後期ヴィトゲンシュタインの言語ゲームに基づくものである．言語は社会現象の背後にあって一対一に対応するものではなく，その使用法は人間のふるまいによって成立している．そのため社会現象は，そうした言語ゲームの諸規則から分析される．(3) 解釈学的アプローチは，人間は何らかの先入見に基づいて現実を理解するが，それは解釈学的自己反省によって修正されるとする．ガダマーはこれを過去と現在との地平融合と表現している．前掲，Habermas（1970 清水他訳, 1991)，第 6 章 - 第 8 章，解説 408-413 頁.

24　前掲，沼上 (2000)，245-248 頁.

25　Giddens, A. (1986). *The constitution of society: Outline of the theory of structuration.* Univ of California Press. A. ギデンス（門田健一訳）(2015)『社会の構成』勁草書房，333-335 頁.

26　本章第 2 部は，島本実 (2014)『計画の創発―サンシャイン計画と太陽光発電』有斐

閣の第 3 章，5 章，7 章を要約したものである．

27　1997 年に施行された「新エネルギー利用等の促進に関する特別措置法」によれば，供給サイドの新エネルギー（new energy）とは，太陽光，太陽熱，風力，バイオマス，廃棄物等によるエネルギーを指していた．これは日本独自の定義だったため，2008 年にこれに地熱発電と中小水力発電を加え，廃棄物を除くという改正があり，国際的な名称である再生可能エネルギー（reusable energy）との一致が図られることとなった．現在では，新エネルギーはほぼ再生可能エネルギーと同じ意味だと考えてよい．（島本　実（2009）「経営を読み解くキーワード　新エネルギー」『一橋ビジネスレビュー』第 57 巻第 2 号，106-107 頁，参照.）

28　サンシャイン計画（および省エネルギー技術開発のムーンライト計画）の予算は総額 1 兆 166 億円であった．これは当時の通産省の技術開発プログラムで最大のものであった．経済産業省産業技術環境局「これまでの国家プロジェクトの変遷：産業構造審議会産業技術分科会研究開発小委員会（第 31 回）配付資料」2011 年 6 月.

29　資源エネルギー庁の資料によれば日本における一次エネルギー供給に占める再生可能エネルギーの割合は，2020 年の数値でも，日本は 10.3 ％に過ぎず，これはドイツ 32.5 ％，イギリス 31.8 ％，には及ばず，アメリカ 10.1 ％，中国 8.8 ％程度の数字にとどまっている．資源エネルギー庁ホームページ，「2021―日本が抱えているエネルギー問題（後編）」(https://www.enecho.meti.go.jp/about/special/johoteikyo/energyissue2021_2.html).

30　島本　実（2011）「日本の太陽光発電産業は復活するか」『一橋ビジネスレビュー』第 59 巻第 4 号，100-101 頁.

31　通商産業政策史編纂委員会『通商産業政策史　第 13 巻』，256 頁．日本経済新聞，地方経済面，1982 年 8 月 21 日.

32　この記述は，渡辺千仭編『技術革新の計量分析』日科技連，2001 年，140 頁の分析に基づいている.

33　資源エネルギー庁『エネルギー白書 2011』.

34　山形栄治（1991）「激動の日々」，電気新聞編『証言　第一次石油危機』日本電気協会新聞部所収，89 頁.

35　「太陽光発電システム―実用化への課題」，『NEDO ニュース』，1983 年 1 月.

36　木村宰，小澤由行，杉山大志（2007, April）「政府エネルギー技術開発プロジェクトの分析―サンシャイン，ムーンライト，ニューサンシャイン計画に対する費用効果分析と事例分析‐」電力中央研究所報告 Y06019，9 頁.

37　2007 年度に両者は「エネルギー対策特別会計」に統合された.

38　サンシャイン計画推進本部監修（1984）『サンシャイン計画 10 年の歩み』，12 頁.

39　電気試験所・電力部エネルギー問題研究会（1969）『エネルギー問題に関するブレーン・ストーミング』．本節の内容については筆者による鈴木健氏（1998 年 5 月 8 日），

堀米孝氏（1998 年 6 月 13 日），澤田慎治氏（1998 年 6 月 22 日）へのインタビューに基づいている．

40 　堀米孝（1995）「人類究極の電力・エネルギー技術を求めて」，通商産業省工業技術院電子技術総合研究所エネルギー関連親睦会 田友会編『エネルギー研究者へのメッセージ』所収，パワー社，128 頁．引用中の丸括弧内の語は本文内に著者自身が書いたもの．

41 　工業技術院研究開発官室『大型プロジェクト 20 年のあゆみ』，51 頁．

42 　日経産業新聞，1979 年 5 月 30 日．

43 　田中一宜（1983）「アモルファスシリコン―薄膜太陽電池新材料」『電子技術総合研究所彙報』第 47 巻第 7 号，30 頁．

索　引

執筆者一覧

加藤俊彦（かとう・としひこ）第1章担当・編者

1990年一橋大学商学部卒業．1997年一橋大学大学院商学研究科博士課程単位修得退学．東京都立大学経済学部講師，助教授，一橋大学大学院商学研究科准教授などを経て，現在，一橋大学大学院経営管理研究科教授．

主著：『技術システムの構造と革新：方法論的視座に基づく経営学の探究』白桃書房，2011年（組織学会高宮賞，日本経営学会賞）．『競争戦略論（第2版）』（共著）東洋経済新報社，2012年．

兒玉公一郎（こだま・こういちろう）第2章担当

1998年一橋大学商学部卒業．2011年一橋大学大学院商学研究科博士課程修了．明星大学経営学部准教授を経て，現在，日本大学経済学部教授．

主著：『業界革新のダイナミズム：デジタル化と写真ビジネスの変革』白桃書房，2020年（組織学会高宮賞，日本経営学会賞，企業家研究フォーラム賞，商工総合研究所中小企業研究奨励賞）．「技術変化への適応プロセス：写真プリント業界による写真のデジタル化への対応を事例に」『組織科学』Vol. 47, No.1, 2013年，40-52頁（組織学会高宮賞）．

小阪玄次郎（こさか・げんじろう）第3章担当

2004年一橋大学社会学部卒業．2010年一橋大学大学院商学研究科博士課程修了．茨城大学人文学部講師，上智大学経済学部助教，准教授を経て，現在，上智大学経済学部教授．

主著：「専業メーカーと総合メーカーにおける技術開発体制：蛍光表示管業界の事例研究」『組織科学』Vol.48, No.1, 2014年，78-91頁（組織学会高宮賞）．"Realising partial mirroring in a component specialised firm: evidence from the hard disk drive industry" *Technology Analysis & Strategic Management,* 2022, 34 (9), pp. 989-1003.

古瀬公博（ふるせ・きみひろ）第4章担当

2000年一橋大学商学部卒業．2005年一橋大学大学院商学研究科博士課程修了．武蔵大学経済学部講師，准教授，教授を経て，現在，武蔵大学国際教養学部教授．

主著：『贈与と売買の混在する交換：中小企業 M & A における経営者の葛藤とその解消プロセス』白桃書房，2011 年（組織学会高宮賞，商工総合研究所中小企業研究奨励賞）．「明治・大正期における競売会社の普及過程」『一橋商学論叢』Vol.8，No.2，2013 年，35-47 頁．

渡辺周（わたなべ・しゅう）第 5 章担当

2010 年一橋大学商学部卒業．2015 年一橋大学大学院商学研究科博士課程単位修得退学．一橋大学大学院商学研究科特任講師，東京外国語大学世界言語社会教育センター助教，同大学大学院総合国際学研究院講師などを経て，現在，大阪大学大学院経済学研究科准教授．主著：「強い監視による看過の増幅：コミットメント・エスカレーションに役員が与える影響」『組織科学』Vol.50，No.4，2017 年，54-65 頁（組織学会高宮賞）．「経営者の属性が企業の意思決定に与える影響：操作変数の開発によるメカニズム了解への接近」『一橋商学論叢』Vol.10，No.2，2015 年，2-18 頁．

佐々木将人（ささき・まさと）第 6 章担当・編者

2003 年一橋大学商学部卒業．2008 年一橋大学大学院商学研究科博士課程単位修得退学．武蔵野大学政治経済学部講師，一橋大学大学院商学研究科講師などを経て，現在，一橋大学経営管理研究科准教授．主著：『日本企業のマーケティング力』（共著）有斐閣，2012 年．『考える経営学』（共著）有斐閣，2021 年．

加藤崇徳（かとう・たかのり）第 7 章担当

2011 年一橋大学商学部卒業．2017 年一橋大学大学院商学研究科博士課程単位修得退学．茨城大学人文社会科学部 講師を経て，現在，東京都立大学経済経営学部准教授．主著：「技術多角化と技術の時間軸」『日本経営学会誌』第 38 号，2017 年，1-15 頁（日本経営学会賞）．「M & A 後の統合過程におけるダイナミクス：既存研究の整理と展開」『一橋商学論叢』Vol.15，No.2，2020 年，47-58 頁．

島本実（しまもと・みのる）第 8 章担当

1994 年一橋大学社会学部卒業．1999 年一橋大学大学院商学研究科博士課程修了．愛知学院大学経営学部講師，助教授，一橋大学大学院商学研究科准教授などを経て，現在，一橋大学大学院経営管理研究科教授．主著：『計画の創発：サンシャイン計画と太陽光発電』有斐閣，2014 年（日経・経済図書文化賞，組織学会高宮賞）．*National Project Management: The Sunshine Project and the Rise of the Japanese Solar Industry*, Springer, 2020.

「行為の経営学」の新展開
—因果メカニズムの解明がひらく研究の可能性—

発行日——2023年12月 8 日　初 版 発 行　　　　　〈検印省略〉
　　　　　2024年 3 月26日　第 2 刷発行

編著者——加藤　俊彦・佐々木　将人

発行者——大矢栄一郎

発行所——株式会社　白桃書房

　　　　　〒101-0021　東京都千代田区外神田5-1-15
　　　　　☎03-3836-4781　℻03-3836-9370　振替00100-4-20192
　　　　　https://www.hakutou.co.jp/

印刷・製本——藤原印刷株式会社

好 評 書